수출에 따른 관세환급의 경제적 효과

수출에 따른 관세환급의 경제적 효과

정 재 완 著

한국학술정보㈜

서 문

　우리나라의 무역규모가 마침내 5천억 달러를 넘어서게 되었다. 괄목할 만한 성장이다. 우리경제가 무역을 주된 동력으로 성장해 왔고, 앞으로도 무역 없이는 어떤 성장도 기대할 수 없다는 것은 주지의 사실이다. 그만큼 무역이 나라 경제에 차지하는 비중은 크다. 우리나라 무역의 주요한 특징 가운데 하나가 바로 가공무역구조라는 점이다. 즉, 대부분의 원자재를 수입하여 이를 제조·가공한 다음 수출하는 것이다. 가공무역구조에서 수입 또는 수출하는 물품과 관련된 조세문제를 어떻게 처리하느냐 하는 것은 수출입자체에 상당한 영향을 미치게 된다. 조세액은 곧 무역상품의 가격에 반영되어 가격경쟁력을 형성하기 때문이다. 인터넷을 통한 다양한 가격정보의 공유현상이 확산되어 소비자들이 상품 간 가격비교를 쉽게 할 수 있게 되었다는 점을 감안하면 가격차이가 거래에 미치는 영향은 앞으로 더욱 커질 수밖에 없을 것으로 보인다. 국제무역에서도 예외가 아닐 것이다. 이 점에서 수출입 상품에 부과되는 조세에 대한 연구는 재정학적 측면뿐 아니라 무역학적 측면에서 의미하는 바가 크게 된다.

　수출입하는 물품과 직접 관련되는 조세는 관세, 부가가치세, 특별소비세, 주세, 교통세, 교육세, 농어촌특별세 등 7가지이다. 이 가운데 관세를 제외한 나머지 내국세는 국내에서 생산·거래되는 물품에도 부과되기 때문에 무역에 특히 큰 의미를 갖는 것은 관세이다. 우리나라는 물품이 수입될 때는 이들 조세를 부과하지만 수출할 때는 부과하지 아니한다. 반대로 이미 부과 징수된 이들 조세를 환급하고 있다. 가공무역에서 원자재가 수입될 때 조세를 부과 징수한 다음 이를 제조·가공한 다음 수출하였을 때 환급하는 것은 사후면세적인 성격을 갖는다. 이러한 사후면세제도인 관세환급제도가 도입된 것은 1975년의 일이다. 그 이전에는 수출용 원재료에 대해 수입단계에서 면세 처리한 다음 수출될 때까지 사후관리 하는 사전면세제도였다. 그렇다면 이와 같은 관세환급의 경제적 효과는 어떻게 나타나는가? 1975년 "수출용 원재료에 대한관세등환급에관한특례법"이 제정될 때 제시된 법 제정 취지를 보면 관세환급을 통해 원자재의 국산화를 촉진하고 수출을 지원한다는 크게 두 가지를 목표로 하고 있다고 밝히고 있다. 과연 그 취지대로 경제적 효과가 나타난 것일까?

이 책은 필자의 박사학위논문 "조세면제의 수출지원효과에 관한 연구"(2000년 2월 서강대학교)를 일부 수정하여 정리한 것이다. 학위논문은 수출촉진을 위한 각종 조세지원제도, 그 가운데 특히 관세환급 제도의 경제적 효과를 이론적, 실증적으로 연구한 것이다. 논문이 쓰인 지 6년여가 지났기 때문에 논문에서 사용된 각종 분석데이터들도 그만큼 오래된 것이 되었다. 그러나 다시 살펴보아도 연구내용의 유효성은 지금도 여전하다고 생각된다. 그동안 관세환급과 관련된 법과 제도에 일부 변화가 있기는 하였지만 근본적인 틀은 변함이 없기 때문이다.

관세환급제도는 우리나라가 가공무역 구조를 가지고 있는 한, FTA의 확대 등 여러 환경변화에도 불구하고 여전히 유효한 관세정책 수단이 될 것이다. 그런 점에서 그 경제적 효과를 깊이 있게 살펴보는 것은 의미 있는 일이 아닐 수 없다. 이 책의 내용이 우리나라 관세행정 발전과 무역확대, 그리고 관세행정에 대한 학문적 연구발전에 조금이라도 기여가 되기를 기대한다.

2006. 11.

저 자

목 차

그 림 목 차

第Ⅰ章 序　論

第1節 문제의 提起

21세기가 시작된 현시점에서도 우리 경제가 당면하고 있는 큰 과제 중의 하나는 지난 50여년간 국가적 話頭였던 수출의 증대이다. 돌이켜 보면 1960년대에서 지금까지 우리나라는 짧은 시간에 괄목할 만한 경제성장을 달성한 대표적인 국가의 하나로 흔히 指目되어 왔다. 우리나라의 경우가 특히 주목의 대상이 된 것은 제2차세계대전 후 식민지로부터 독립한 저개발국 중 경제개발을 성공시킨 극소수의 국가 가운데 하나라는 사실과 경제개발 방식의 독특성 때문일 것이다.

우리나라의 경제성장은 시장의 자율적 기능에 의한 결과라기보다 정부지원에 의한 수출로 견인(堅靭)되어진 성장이라는 특징이 있음은 周知의 사실이다. 이러한 수출지원은 1960년대 초반부터 적극적으로 시작되어 1970년대에 이르러 절정에 이르렀는데, 이때 도입된 많은 제도 중 상당수가 오늘날까지 이어지고 있다.

우리나라가 시행해 온 수출정책의 要諦는 원재료의 수입과 생산된 완제품의 국내 소비는 가급적 억제하되 수출은 확대하는 것이라 할 수 있다. 이와 같은 人爲的 수출촉진은 우리나라가 저개발국이라는 경제발전단계에 속해 있고, 국제사회에서도 비록 GATT규정에 자유·공정무역의 理念은 있었지만 실질적인 구속력이 없었던 1960년대와 1970년대라는 시대 與件하에서 가능한 것이었다. 그러나 우리 경제가 어느 정도 성장하고, 국제경제가 多極化, 開放化됨에 따라 각국 시장에서의 내·외국 상품 간 경쟁이 치열해진 1970년대 후반부터 이러한 수입규

14

제와 정부지원에 의한 수출은 그 한계를 드러내기 시작하였다. 공정무역이 강조되면서 시장원리에 의하지 아니하는 수출은 규제를 받게 되고, 시장개방과 지원의 축소를 요구하는 통상압력이 加重되었기 때문이다. 1980년대 이후 人爲的인 각종 수출지원제도가 폐지되거나 축소되고, 수입에 대한 규제도 완화된 것은 이와 같은 국제 무역환경의 변화와 밀접한 관련이 있다.

그런데 1980년대 이후 수출입과 관련한 제도의 변화에 있어 주목하여야 할 만한 사실은 보조금 형태 지원의 삭감, 규제의 완화는 괄목할 만하게 진전되어 왔으나 지원의 기본적인 패러다임(paradigm)은 그대로 유지되고 있다는 점이다. 이 점은 租稅상의 支援에 있어 특히 그러하다. 수출과 관련된 조세면제의 대상, 절차, 그리고 방법에 있어 보조금성격의 배제나 규제완화 차원에서는 크게 바뀌었으나 사후면세 즉 조세환급제도로서 수출을 확대하고 아울러 원재료의 국산화도 圖謀한다는 기본 패러다임은 1970年代 그대로인 것이다. 이는 수출지원을 포함한 무역정책의 변화가 스스로의 연구와 검토를 거쳐 도달한 內的 필요성의 인식에서 출발한 것이 아니라 다분히 外的 요구와 강제를 被動的으로 수용하면서 이루어진 결과이다. 그렇다면 수출과 관련한 조세지원의 이러한 패러다임은 과연 타당한 것이고, 21세기의 도하개발아젠다(DDA) 이후의 국제무역환경에서도 타당할 것인가?

1995년 출범한 WTO의 협정에서는 보조금 성격의 수출지원에 대해 강력한 규제를 가하고 있다. 그러나 무엇보다 고려할 것은 일반적으로 수출지원이 조세의 면제와 같은 형태로 행해질 때 이는 一國의 시장가격을 변화시켜 자원배분의 歪曲을 가져오고, 국내가격과 국제가격을 乖離시켜 경쟁을 왜곡시킨다[1]는 점이다. 자원배분의 왜곡이 주는 부정적 효과는 정부의 介入으로 인한 利益이 개입의 비효율에서 초래되는

---

[1] Zampetti, Americo Beviglia, "The Uruguay Round Agreement on Subsidies: A Forward-Looking Assessment", Journal of World Trade, Vol.24, (1995), p.6.

不利益보다 오히려 적었다는 사례보고에서[2] 여실히 드러난다.

先進的 개방경제를 지향하는 21세기를 맞으면서 날로 치열해지는 글로벌(global)시장에서의 경쟁에 대응하고, 효율적인 국제경영 환경 조성을 통한 외국기업의 국내투자 유치를 강화해야 할 필요성을 고려할 때, 보다 합리적인 무역관련 조세제도의 선택과 운용은 그 어느 때보다 切實한 과제가 되고 있다. 아직까지 開發年代의 패러다임 위에 운영되고 있는 우리나라의 수출지원 조세제도에 대한 深度있는 연구와 검토의 필요성이 여기에 있는 것이다.

第2節 研究의 目的

제2차세계대전 후 進展되어온 무역자유화와 세계경제의 통합현상은 20세기 말에 이르러 더욱 빠른 속도로 진전되어 왔으며, 21세기 들어서도 더욱 深化될 것이 분명하다. 생산과 기술, 그리고 마케팅의 세계화는 국제 시장에서의 경쟁을 과거 어느 때보다 더욱 激化시키고 있으며, 이에 따라 미국 무역촉진조정위원회(Trade Promotion Coordinating Committee: TPCC) 보고서가 지직하고 있는 바와 같이[3] 선진 가국들도 다양한 수출지원수단을 통하여 '수출촉진의 고삐를 더욱 강화'하고 있다. 우리나라의 경우도 1997년 말의 외환위기 이후 수출이 갖는 의미가 새로이 부각됨에 따라 수많은 수출지원정책들이 거의 총동원되었고, 그 이후도 지속적으로 수출지원에 총력을 다하고 있지만 선진 각국에 있어서도 수출지원은 정책당국의 깊은 관심의 대상이 되고 있는

---

2) Schmitz, Troy G., Andrew Schmitz & Chris Dumas, "Gain from Trade, Inefficiency of Government Programs and the Net Effects of Trading", Journal of Political Economy, Vol.105 No.3, (1997), p.646.

3) TPCC, The National Export Strategy, 6th Annual Report, (1998.10), p.14.

것이다. 수출에 있어 특히 조세상의 지원제도는 다른 어느 나라에 있어서보다 우리나라의 경우 특별한 의미를 갖는다. 좁은 규모의 국내 시장, 중국과 일본이라는 廣大한 시장의 隣接, 원재료의 輸入依存이 불가피한 관련 산업의 규모와 발달 정도, 품질과 가격 모두에서 취약한 상품의 국제경쟁력 등이 복합적으로 작용하여 조세상의 정책이 수출입과 외국기업의 국내투자에 큰 영향을 미칠 수 있기 때문이다.

그러나 조세지원의 효과에 대한 학문적 연구는 외국의 경우뿐 아니라 국내에 있어서도 상당히 貧弱하다. 외국의 경우 수출과 관련한 연구는 1970년대 후반 이후 비교적 활발하게 이루어져 왔으나 주로 수출의 발전단계, 수출전략이나 기업의 규모, 의사결정자의 특성 등과 같은 諸 요소가 기업의 수출성과에 미치는 영향 등에 관하여 다루었을 뿐 조세차원의 지원이 수출, 원재료의 수입대체 등에 미친 효과에 관한 實證的 연구는 찾아보기 어렵다. 국내의 경우는 조세지원과 관련된 약간의 연구가 있으나 연구의 초점이 주로 특정한 한두 가지 조세가 경제 전반에 미치는 효과가 어떠한가 하는 것을 이론위주 또는 전체 산업을 대상으로 분석하고 있을 뿐이다.

本 연구는 우리나라에 있어 수출과 관련한 조세의 면제가 수출증대와 원재료 국산화에 미친 영향에 대해 제도운영 측면과 순수이론 측면에서 분석하고, 이를 실증분석을 통해 검증하고자 하는 것이다. 이러한 연구의 목적은 1970년대 중반 이후 현재까지 운영해 오고 있는 수출지원을 위한 조세면제제도를 평가하고, 나아가 더욱 치열한 경쟁이 예상되는 21세기 국제 무역환경에서 우리나라에 가장 합당한 조세지원 방안이 무엇인가에 대한 示唆點을 얻는 데 있다.

第3節 硏究의 方法과 硏究의 구성

本 연구는 크게 수출입관리를 위한 조세면제제도의 제도적·이론적 분석과, 실제 수집된 자료를 이용한 실증분석의 두 부분으로 구성된다. 제도적·이론적 분석은 第Ⅱ章 내지 第Ⅲ章에서 행해지며, 연구의 방법은 기존의 문헌자료, 법령의 분석인 제도분석과 순수 경제이론 면에서의 분석이다. 실증분석은 第Ⅴ章 내지 第Ⅵ章에서 시도되며 연구방법은 조세면제제도를 이용하는 수출기업에 대한 실태조사 및 이의 분석과, 통계자료 및 산업연관표를 활용한 분석으로 행한다.

연구의 구성은 다음과 같다.

먼저 第Ⅰ章 서론에 이어 第Ⅱ章에서는 수출지원을 위한 조세제도를 다각도로 분석한다. 이를 위하여 수출촉진을 위한 지원제도와 주요 선진국들의 수출지원제도 운용내용 및 그 추세를 분석한 다음, 우리나라가 운영하고 있는 주요 수출지원 수단과 조세상의 지원제도를 집중적으로 분석한다. 또한 이러한 수출지원의 제약요인이 되는 국제규범에 대해서도 WTO 보조금협정과 OECD 公的 수출신용가이드라인에 관한 협약을 중심으로 분석한다.

第Ⅲ章에서는 조세면세의 경제직 효과를 이론적으로 분석한다. 경제적 효과의 분석은 經濟理論의 部分均衡分析 도구를 이용하여 수입물품에 대한 관세 및 내국소비세의 징수가 수출입 및 국내 생산에 미치는 효과를 분석한 다음, 수출상품 생산에 소요된 원재료의 수입 또는 買入과정에서 징수되는 이들 조세를 사전면세 또는 환급하는 경우에 발생하는 효과를 代替 가능한 국산 원재료가 있는 경우와 없는 경우로 나누어서 분석하고, 마지막으로 實效保護率理論에 입각하여 수출입물품에 대한 조세의 징수와 환급의 효과를 분석한다.

第Ⅳ章에서는 조세상의 수출지원과 관련이 있는 국내외의 선행연구

들에 대하여 검토한다. 여기에서는 수출과 관련한 조세환급의 효과에 관한 연구, 정부의 수출지원 방안과 그 효율성에 관한 연구, 그리고 輸出函數推定에 의한 수출의 변동요인 및 이들의 효과에 관한 선행 연구들을 검토한다.

第Ⅴ章에서는 환급제도를 이용하고 있는 전국의 467개 수출기업을 표본으로 행한 실태조사 결과를 분석한다. 실태조사는 현행 관세환급 제도의 이용실태와 문제점, 그리고 향후 발전 방향 등을 제도를 이용하고 있는 수출기업으로부터 직접 파악하기 위하여 실시한 것이다.

第Ⅵ章에서는 객관적 통계자료로서 실증분석을 실시한다. 第Ⅱ章 내지 第Ⅳ章에서 행한 현행 조세지원제도의 분석과 이론적 분석, 선행연구, 그리고 실태 조사 등에서 밝혀진 바를 토대로 관세환급의 수출지원 효과와 원재료의 국산화 효과 여부 등을 실증적으로 분석한다. 분석에 사용되는 자료는 수출증대효과의 분석은 1986. 1/4분기에서 1997. 1/4분기까지의 45개 분기 12년 동안의 우리나라 13개 제조업의 업종별 관세환급자료를 중심으로 하고, 원재료의 국산화효과는 1970년에서 1995년까지 한국은행의 實測表인 6개 산업연관표를 중심으로 한다. 수출지원효과의 분석에 사용될 제조업의 업종별 관세환급 자료는 지금까지 공식적으로 통계로서 집계·公表된 적이 없는 것으로 관세청의 협조를 얻어 同廳이 보유한 방대한 수출입통관 및 환급관련 전산자료를 처리하여 얻은 것이다.

마지막 第Ⅶ章에서는 연구결과에 대하여 종합적 결론과 政策的인 示唆點 및 代案을 제시한다. 여기에서는 第Ⅱ章 내지 第Ⅵ章에서 행한 제도적, 이론적 분석과 실태조사 분석 및 실증분석 결과를 요약 정리한 다음 종합적인 결론을 내린다. 아울러 이러한 결론의 정책적인 시사점을 정리한 다음 21세기에 우리나라가 운영하여야 할 바람직한 조세지원의 제도적 지원 방안에 대한 代案을 제시한다.

이상의 연구내용과 체계를 정리하면 다음의 [그림 Ⅰ-1]과 같다.

第Ⅰ章
문제제기 및
연구목적의 설정
第Ⅱ章
수출지원
조세제도의 분석
주요 선진국의
수출지원제도
우리나라의
수출지원제도
수출지원에 대한
국제규범상 制約
第Ⅲ章
조세지원의
경제적 효과분석
물품 수입 시의
조세징수 효과분석
물품 수출시의
조세면제 효과분석
實效保護率
의한 효과분석
第Ⅳ章
先行硏究의
검거검토
第Ⅴ章
實態調査와
그 결과의 분석
實態調査의 내용
조사결과의 분석
第Ⅵ章
實證分析
수출지원효과의
분석
원재료 국산화
효과의 분석
第Ⅶ章
종합결론 및
政策示唆點 제시

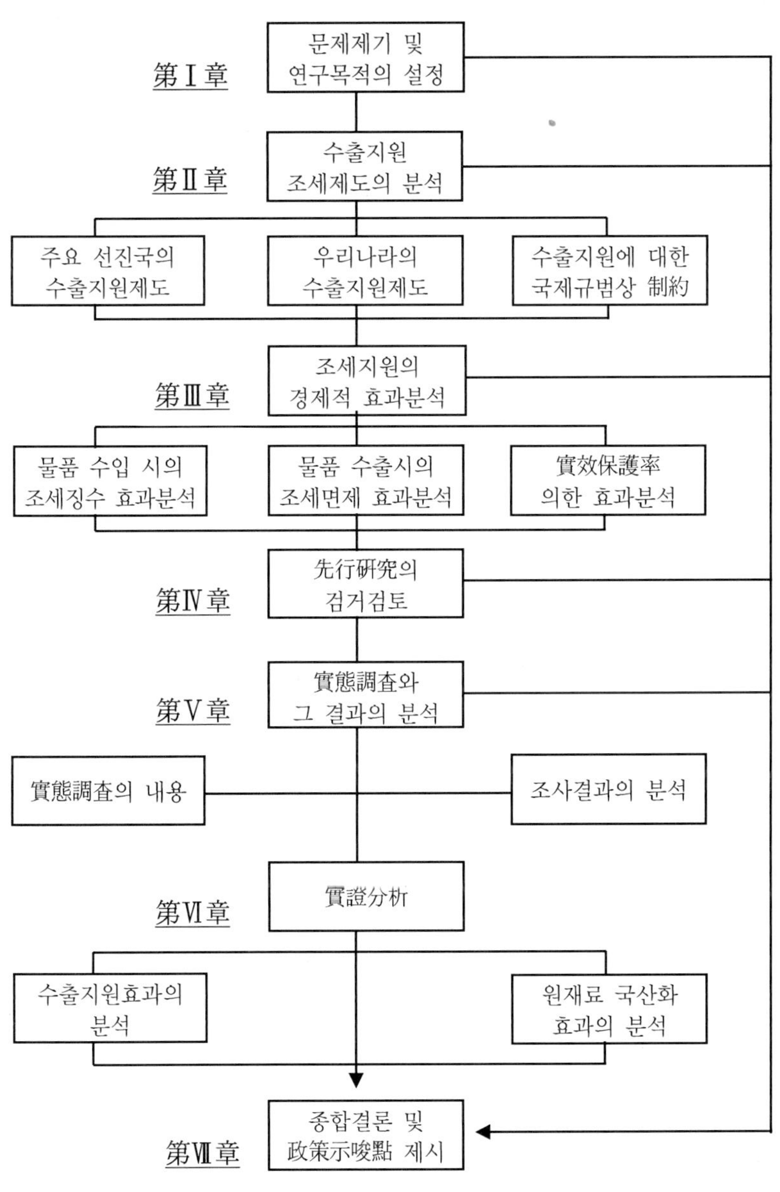

[그림 Ⅰ-1] 硏究의 體系

第Ⅱ章 輸出促進을 위한 租稅支援制度

第1節 主要先進國의 수출지원제도

오늘날에는 提携(alliance)라는 전략으로 처음부터 여러 국가의 자원 활용과 판매로부터 주요한 경쟁우위를 확보하고자 創業되는 기업도 있으나[4] 대개의 기업은 국내 시장 경영활동에서 오는 한계를 극복하기 위해 해외로 진출한다. 수출은 기업의 해외진출 결과로서 나타나는 것이다. 기업의 해외진출은 단순수출 즉, 수출을 타인에게 위탁하는 간접 수출이나 자신이 직접 행하는 직접 수출에서부터 해외판매대리점의 설치나 생산, 판매활동을 하는 해외 子會社의 설립과 같은 직접투자에 이르기까지 다양한 형태로 행해진다.

기업이 수출을 하게 되는 이유는 여러 가지가 있다. 과잉 생산품의 판매처분이나 과잉 생산시설을 이용하기 위한 동기가 있을 때, 국내 需要는 低調하나 해외 시장에서는 충분한 수요가 존재하거나 국내 시장에 판매하는 것보다 수출함으로써 더 많은 이익을 올릴 수 있을 때, 총 생산비 중 固定費用의 비중이 상대적으로 높은 자동차, 제철 등 規模의 經濟(economy of scale)가 작용하는 裝置産業 속하는 기업이 생산시설의 가동률을 높여 단위당 생산비를 절감하려 할 때, 또는 수직적·수평적으로 통합된 多國籍기업이 有機的 생산·판매활동의 필요성에 따라,[5] 그리고 우리나라의 경험에서와 같이 정부의 강력한 유도와

---

4) Oviatt, Benjamin M. & Patricia Philips McDougall, "Toward a theory of International New Venture", Journal of International Business Studies, (1st Quarter, 1994), pp.45-64.
5) Anderson, Tomas & Torbjörn Fredriksson, "International of Production

지원의 혜택이 있어 이를 향유하고자 할 때 등 수출을 하게 되는 동기는 매우 다양하다. 그러나 어느 경우이건 수출은 국내에서의 판매활동과는 여러 면에서 큰 차이가 있다. 그중에서 가장 중요한 차이점은 경제적, 경제외적으로 발생하는 사업활동상 위험의 증가문제이다. 경제적 위험에는 환위험, 시장진입 위험, 가격·제품·유통·커뮤니케이션과 같은 시장조정 위험, 계약 이행위험, 수송과 보관상 위험 등이 있고, 경제외적 위험으로는 정치적, 법률적, 행정적으로 발생하는 위험 등이 있는데 이 모든 위험은 수출채산성에 영향을 미칠 수 있다. 또 다른 차이점은 수출을 통한 세계시장에서의 경쟁이 국내 시장에서의 그것에 비해 훨씬 激烈하다는 것이다. 상품 생산기술과 교통, 정보수단의 발달은 변화의 속도를 더욱 빠르게 하고 있고 이에 따라 세계시장에서의 製品壽命週期는 더욱 짧아지고 소비자들의 欲求도 더욱 복잡, 까다로워지고 있기 때문이다. 오늘날 세계시장에서의 경쟁은 더 낮은 가격, 더 높은 품질과 서비스 모두를 요구하고 있는 것이다. 이와 같은 수출에 있어서의 위험 존재와 국제 시장에서의 치열한 경쟁은 보다 효율적인 수출활동의 필요성을 높인다.

한편, 20세기 후반 무역 자유화와 汎世界적인 경제통합 현상은 각국 정부로 하여금 反무역 偏倚(anti-trade bias), 수입대체, 보호주의적 무역정책을 포기하도록 하고 있고,6) 기업들에게는 지구적 차원의 경쟁에 대응하기 위해 기술 개발, 원자재 조달, 생산과 판매 등 모든 경영활동을 해외직접투자 등을 통하여 汎世界적으로 수행하는 국제화 전략을 적극적으로 추구하지 않을 수 없도록 하고 있다. 기업의 해외직접투자와 수출 간의 관계에 대하여는 1960년대부터 논쟁이 있었으나 1970년

---

and Variation in Exports from Affiliates", Journal of International Business Studies, (2nd Quarter, 1996), p.249.

6) Arndt, Seven & Chris Miller, The World Economy: Global Trade Policy,, (London: Blackwell Publisher Ltd., 1995), p.2.

대 말 이후 산업별 자료를 사용한 계량분석 결과들에 따르면 대개 해외직접투자의 확대는 수출을 증가시키는 것으로 나타나고 있다.

Ireland의 경우를 1960-1978년 사이 時계열자료를 사용하여 분석한 O'Sullivan의 연구[7]와, 1985-1990년까지의 미국과 일본의 자료를 사용하여 분석한 Eaton and Tamura의 연구,[8] 스웨덴 제조업체를 대상으로 분석한 Anderson & Fredriksson의 연구,[9] 그리고 1983, 1988, 1991년도 40개 수출 및 투자대상국에 대한 미국 자료를 사용하여 분석한 Graham의 연구[10] 결과가 이를 뒷받침하고 있으며, 1977-1993년까지 우리나라와 일본의 시계열 자료를 사용하여 분석한 金準東의 연구[11]에서도 이와 같은 사실은 확인되고 있다.

이와 같은 사실은 다음의 〈표 Ⅱ-1〉로도 확인된다.

---

7) O'Sullivan, P. J., "An Assessment of Ireland's Export-Led Growth Strategy via Foreign Direct Investment: 1960-1980", <u>Weltwirtschaftliches Archiv</u>, (1993).

8) Eaton, J. and Tamura, A., <u>Bilateralism and Regionalism in Japanese and U.S Trade and Direct Foreign Investment Patterns</u>, US National Bureau of Economic Research Working Paper No.4758, (1994).

9) Anderson, Tomas & Torbjörn Fredriksson, op. cit., pp.249-263.

10) Graham, E. M., "US Direct Investment Abroad and US Exports in the Manufacturing Sector: Some Empirical Results Based on Cross Sectional Analysis", <u>Institute for International Economics</u>, (1994).

11) 金準東, <u>글로벌化 시대에서의 輸出과 海外直接投資</u>, (서울: 대외경제정책연구원, 1994).

24

〈표 II-1〉 主要國의 수출의존도(수출/GDP)

단위: %

	1990	1991	1992	1993	1994	1995	1996	1997
미 국	6.9	7.4	7.2	7.1	7.4	8.1	8.3	8.5
일 본	9.6	9.2	9.1	8.5	8.4	8.6	8.9	10.0
영 국	18.9	18.2	18.1	19.2	19.9	21.9	22.5	21.9
독 일	27.3	23.3	21.4	20.0	20.9	21.7	22.1	24.3
프랑스	18.2	18.0	17.8	16.8	17.6	18.5	18.8	20.8
이태리	15.5	14.7	14.6	17.0	18.6	21.2	20.7	20.8
캐나다	22.3	21.5	23.6	26.8	30.2	34.0	35.6	34.6
한 국	32.1	24.3	24.9	24.7	25.2	27.4	26.7	30.7

자료: 통계청, "국제통계"(1998)

〈표 II-1〉에서 主要國들의 수출의존도는 1991년 내지 1993년을 起點으로 21세기로 가까워지면서 하나같이 높아지는 추세를 보이고 있다. 이들 국가들뿐 아니라 1980년대 이후 국제무역 정책에서 가장 뚜렷한 특징 중 하나는 아시아의 대만, 중국, 동남아시아 諸國, 라틴아메리카의 칠레, 멕시코와 같은 開發途上國들이 '일방적'으로 수입규제완화 및 수출촉진정책을 확대해 나가고 있는 것으로,12) 이들 국가들의 輸出依存度도 지속적으로 높아지고 있다. 수출의존도가 높아진다는 사실은 수출이 각국의 경제 전반에 미치는 영향이 점차 커지고 있음과 각국 정부의 수출에 대한 관심도 더욱 높아지고 있음을 의미한다. 사실 각국은 정부 또는 민간 차원에서 매우 다양한 수출지원제도를 광범위하게 운영하여 수출을 증대시키고자 노력13)하고 있다. 1995년 출범한

---

12) Dean, Judith M., "The Trade Policy Revolution in Developing Country", in <u>The World Economy: Global Trade Policy</u>, Sven Arndt & Chris Miller(ed.), (London: Blackwell Publishers Ltd., 1995), p.173.

13) Naidu, G. M. & T. R. Rao, "Public Sector Promotion of Exports: A

WTO 협정에는 수출에 대한 보조금 성격의 지원에 엄격한 제한을 가하고 있지만 각국은 同 협정에 저촉되지 않는 범위에서 自國의 실정에 따라 다양하게, 그리고 적극적으로 수출지원제도를 운영하고 있는 것이다. 각국이 운영하고 있는 수출지원제도를 그 성격에 따라 대체적으로 분류해 보면 [그림 Ⅱ-1]과 같다.

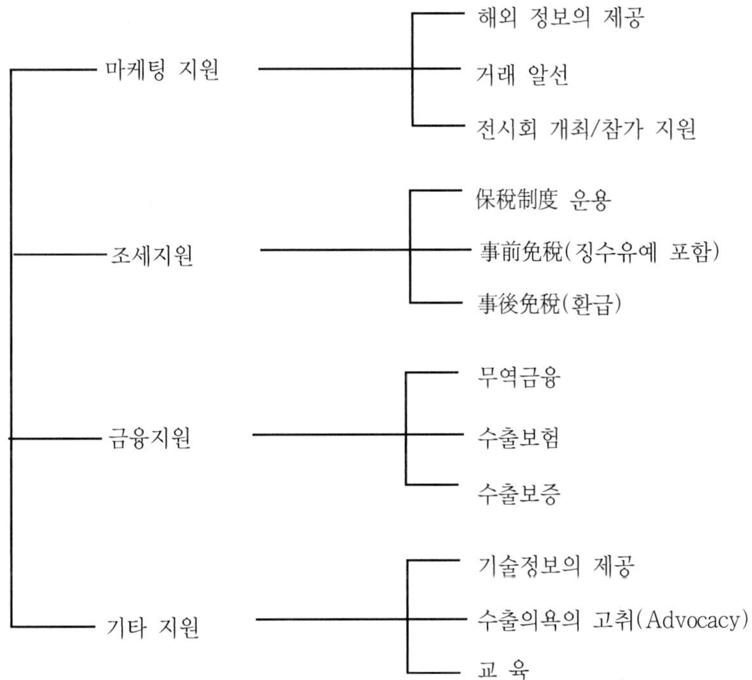

자료: M. Kotabe & M. Czinkota(1992) 및 대한무역진흥공사(국제경제 현안리포트 98-2) 등을 참고하여 연구자가 작성

[그림 Ⅱ-1] 수출지원제도의 분류

Needs-Based Approach", Journal of Business Research Vol.27, (1993), pp.85-101.

대부분 국가들의 수출지원처가 중앙정부, 지방정부, 공공기관, 금융기관, 민간기구 등으로 다원화되어 있고 방법도 다양하기 때문에 수출지원제도를 일률적으로 비교하거나 제도운영의 결과를 수치로서 나타내기는 매우 어려운 일이다. 예를 들면 캐나다와 오스트리아의 수출촉진제도를 비교 연구한 Seringhaus 등의 연구결과를 보면[14] 이 두 나라의 수출촉진시스템은 그 철학과 전략적 지향점, 나아가 유사한 수출자들 간에도 수출지원의 유용성에 대한 인식에서 큰 차이가 있었다.

주요 선진국들과 우리나라가 수출지원제도를 어느 정도로 활용하고 있는가 槪括的으로 비교해 보면 다음 〈표 Ⅱ-2〉와 같다.

〈표 Ⅱ-2〉 主要國의 輸出支援水準 비교

	마케팅 지원			조세지원		금융지원			기 타		
	해외정보	거래알선	전시회	관세	내국세	수출금융	수출보험	수출보증	기술정보	의욕고취	교육
미 국	◎	△	△	×	×	△	△	○	△	◎	×
일 본	△	×	×	×	×	○	◎	○	◎	×	×
영 국	◎	◎	◎	×	×	△	△	×	×	○	×
독 일	○	△	◎	×	×	◎	○	◎	×	×	×
프랑스	◎	◎	◎	×	×	△	◎	△	×	×	×
이태리	○	○	○	×	×	◎	○	×	×	×	△
캐나다	○	○	○	×	×	◎	×	×	×	◎	×
한 국	○	◎	△	◎	○	△	△	△	×	×	△

※ 수출지원 수준: ◎매우 높음 ○높음 △보통 ×낮음
자료: 대한무역진흥공사, " 주요 선진국의 수출지원제도 비교" (1998)와 재정경제원, "각국의 관세환급과 그 유사제도"(1996)를 참조하여 연구자가 작성

---

14) Seringhaus F. H. & Guenther Botschen, "Cross-National Comparison of Export Promotion Service: The Views of Canadian and Austrian Companies", Journal of International Business Studies, (1st Quarter, 1991), pp.116-133.

〈표 Ⅱ-2〉를 보면 선진 각국들의 수출지원은 마케팅과 금융지원에 상당히 적극적임을 알 수 있다. 마케팅 지원에서는 유럽국가들은 體系的으로 국제전시회의 개최나 전시회의 참여를 적극적으로 지원하고 있음에 반해 미국은 아직 해외 정보와 수출의욕의 고취 등에 적극적인 단계이다. 금융상의 지원은 대개 정부가 민간은행 또는 보험기관에 委託하여 지원하고 있다. 한편, 수출기업에 대한 세제상의 지원은 매우 낮은 편으로 이는 우리나라의 경우와 상당히 對照的이다. 그러나 이들 선진국들과는 달리 개발도상국가들은 수출기업에 조세의 환급이나 감면과 같은 인센티브제도를 적극 활용하고 있는 것으로 報告되고 있다.[15]

미국의 무역촉진조정위원회(TPCC)가 분석한 바에 따르면[16] 대부분의 선진국들이 自國기업들의 상업 활동에 대한 집중지원, 정부 대 정부 간 로비를 통한 집중지원, 양허적 금융지원, 해외무역홍보에 참가하는 기업에 대한 금융지원, 제3국에의 기술이전 약속 및 계약 체결에 따른 보상 차원의 원조제공 등 전통적 형태의 정부지원을 계속하고 있고, 각국의 GDP에 대비한 수출지원규모도 다음 〈표 Ⅱ-3〉에서와 같이 상당히 높은 것으로 지적되고 있다.

〈표 Ⅱ-3〉 主要國의 GDP 千US$당 輸出促進 지원비(1997년)

단위: US$

	프랑스	캐나다	일본	영국	독일	이태리	미국
금 액	0.49	0.27	0.25	0.19	0.05	0.04	0.03

자료: TPCC, "The National Export Strategy, 6th Annual Report"(1998. 10)

---

15) Dean, Judith M., *op. cit.*, p.188.
16) TPCC, *op. cit.*, p.14.

1990년대 이후 각국의 수출지원제도 운영에 있어 드러나는 특징은 서비스의 統合化 현상이다. 중앙정부 차원에서 정책의 우선순위를 정하고 부처별 업무를 조정함으로써 격변하는 국제경제 환경에 능동적으로 대응하고 민간기구 및 기업과 원활한 정보 교환 및 상호협력을 기하는 것이다.

1980년대 이후 수출에 많은 관심을 기울이고 있는 미국의 경우를 보면, 수출지원업무는 상무부를 비롯하여 수많은 정부기관과 州정부, 민간기관에서 分散 담당하고 있지만 Bush행정부 시절인 1990년 5월 수출지원 프로그램들을 일원화하여 보다 효율적으로 수출활동을 지원하기 위해 19개 정부기관 대표로 구성되는 TPCC를 설치하였고,[17] 그 후 1992년 수출촉진법을 제정하여 이 기구를 상무부장관이 위원장을 맡는 국가 특별기구로서 汎 국가적 차원에서 수출진흥과 관련한 핵심 역할을 담당토록 하고 있다. TPCC는 매년 미국이 추진해야 할 국가 수출전략을 수립하여 의회에 제출하고, 각 州를 비롯한 지방정부와 연방정부 내 각 기관, 수출입은행 등 민간기관 사이에 다수의 비공식적인 위원회와 실무자회의 간의 네트워크를 구축하여 수출금융에서 중소기업 마케팅 지원에 이르기까지 포괄적인 수출촉진 정책을 개발하여 시행하고 있다.[18]

앞의 〈표 Ⅱ-3〉에서 수출촉진 지원비중이 가장 높게 나타난 프랑스의 경우를 보자.[19] 프랑스에서는 재무성의 대외경제협력국(DREE: Direction

---

17) 1998. 10 TPCC가 미 의회에 제출한 제6차 연례보고서에 나타난 TPCC의 구성기관은 국무장관, 상무부장관, 재무부장관, 국방부장관, 농무부장관, 노동부장관, 교통부장관, 에너지부장관, 국제개발청장, 무역개발청장, 환경보호청장, 수출입은행장, 무역대표부의장, 경제자문회의 의장, 관리예산청장, 해외민간투자공사사장, 공보청장, 중소기업청장, 대통령경제수석 등 주요 관련 부처, 기관이 망라되어 있다.

18) 한국무역협회, <u>미국의 수출지원제도 현황과 정책시사점</u>, (무조 96-29, 1996), p.12.

19) 대한무역진흥공사, <u>主要先進國의 輸出支援제도 비교</u>, (국제경제현안 리포

des Relations Economiques Exterieures)이 기업의 수출관련 정보의 제공을 포함한 정부의 대외무역정책 立案과 집행을 주관하고 있다. 대외경제협력국은 광범한 商務官 조직망을 통해 해외 시장 정보를 수집하여 경제·재무부의 지방무역대표국 및 해외전시 - 기술이전공사를 통해 기업들에게 관련 정보를 전파하고 있고, 정보의 축적 및 관리는 무역진흥공사에서 담당하는 등 수출지원 기관 간의 상호협력을 통해 정책을 집행한다. 1989년에는 프랑스 수출헌장(La Charte nationale de l'exporation des entreprises)을 공표하였고, 그 후 1994년 이를 기업의 국제개발헌장(La Chart du Developpment international des entreprises)으로 확대하여, 프랑스 기업들이 수출지원제도를 보다 실제적으로 활용할 수 있도록 17개의 국내외 수출지원기관들을 조정하는 규범으로 삼고 있다. 1998년의 경우 대외경제협력국은 全 세계 117개국 프랑스 대사관에 2,252명의 商務官을 파견시켜 이들로부터 정보 入手하여 무역진흥공사 및 지방무역대표국을 통하여 업계에 전파시키고 있다.

영국과 독일, 이태리, 캐나다 등도 유사한 조직과 방법들을 이용하여 적극적으로 수출을 지원하고 있다. 다만 일본의 경우는 막대한 무역흑자로 인해 무역수지 개선압력을 받고 있는 상황이기 때문에 특별한 수출지원제도나 정책을 가지고 있지 않은 상태이다. 그러나 수출입은행 등을 통한 수출금융, 수출보증, 수출보험제도 등은 비교적 활발히 운용되고 있다.[20]

수출에 대한 이와 같은 각국의 적극적인 支援의 결과는 높은 수출성장률로 나타나고 있다. 〈표 Ⅱ-4〉는 주요국의 GDP 성장률과 수출증가율을 비교한 것이다.

트 98-2, 1998), pp.77-91.

20) 한국기계공업진흥회, 일본의 플랜트 수출지원제도, (1994), pp.20-51.

〈표 Ⅱ-4〉 主要國의 GDP 및 수출성장률

단위: %

	최근 5년간 ('93-'97)평균		최근 10년간 ('88-'97) 평균	
	GDP성장률	수출증가율	GDP성장률	수출증가율
미 국	3.1	9.1	2.4	10.7
일 본	1.4	-1.6	3.6	1.8
영 국	2.9	10.4	1.8	8.5
독 일	1.4	0.9	2.6	5.0
프 랑 스	1.5	3.1	2.1	5.1
이 태 리	1.2	2.1	1.8	4.7
캐 나 다	2.7	12.8	2.0	8.7
한 국	7.2	11.2	7.7	11.6

자료: 통계청, "국제통계"(1998) 및 "한국주요경제지표"(1998)

〈표 Ⅱ-4〉를 보면 선진 각국의 수출증가율은 GDP 성장률보다 상당히 높게 나타나고 있다. 특히 최근 5년간의 경우 미국, 영국, 캐나다 등은 높은 수출증가율과 함께 상대적으로 GDP성장률도 높고, 반대로 수출증가율이 낮은 일본과 독일, 이태리는 GDP의 성장률도 상대적으로 낮게 나타나고 있다. 이것은 각국의 경제성장에 있어 수출이 堅靭的 역할을 하고 있음을 示唆하고 있는 것이라 하겠다.

第2節 우리나라의 輸出支援制度

1. 輸出支援制度 變遷과정의 槪觀

우리나라의 수출지원제도는 해방 이후 경제정책의 重點이 輸入代替, 수출진흥, 重化學工業육성, 무역자유화 확대 등으로 바뀌는 각 단계에 있어 산업정책과 연관하여 변천을 거듭해 왔다. 이를 年代에 따라 간략히 살펴보기로 한다.

해방 이후부터 1950年代까지 수출은 관심의 대상이 되지 못하고 무역은 외국원조체제를 크게 벗어나지 못하였다. 이 시기에는 시멘트, 精油, 發電 등의 基幹産業을 중심으로 수입대체산업의 개발에 정책의 역점이 두어졌으며, 국내 시장은 엄격한 수입통제와 複數換率制에 의해 보호된 반면 수출에 대해서는 이렇다할 지원이 없었다. 다만, 1950년 6월 무역금융에 관한 규정이 제정되어 일부 수출에 대하여 정책금융이 융자되었으며, 1952년 5월부터 求償貿易제도를 시행하여 특정상품의 수출과 輸入採算性이 높은 특정상품의 수입을 結合하는 형태로 수출을 지원하였다. 그 후 1957년 12월 무역법이 제정됨에 따라 광산물 수출을 장려하기 위한 철도운임의 할인, 수출진흥기금의 운영 등 수출을 지원하기 위한 제도가 도입되었으나, 戰後의 높은 인플레이션과 국제수지 赤子의 누적으로 정부당국이 수입대체를 적극 추진함에 따라 실제로는 수출을 저해하는 결과를 가져왔다.[21] 따라서 1950년대 후반까지 우리나라는 전형적 對內指向的 개발도상경제였다 평가할 수 있다.

1960대의 무역정책은 수출증진과 수입억제를 통한 무역수지의 개선에 主 목적[22]을 두었다. 수출진흥법이 1962년 3월 제정됨에 따라 수출품 제조용원재료 수입에 대한 特惠措置, 해외무역활동 보징, 實績主義에 의한 수입허가제의 강화, 連帶保證에 의한 무역금융의 강화 등을 통한 수출지원이 시작되었고, 1966년에는 그때까지 시행된 무역법과 수출진흥법, 수출장려금 교부에 관한 임시조치법 등 다양했던 무역관계법규를 統合하여 무역거래법을 제정함으로써 수출지원제도가 보다

---

21) Nam, C. H., "Export Promotion Strategy and Economic Development in Korea, in Export Promotion Strategies" in Theory and Evidence from Developing Countries, Chris Miller(ed.), (New York: Harvester Wheatsheaf, 1990), pp.165-183.
22) 徐靑錫・朴鉉瑀, 한국무역론, (서울: 法經社, 1998), p.345.

체계적인 성격을 갖추게 되었다. 특히 수출진흥종합시책의 추진과 함께 청와대 수출진흥확대회의가 빈번히 개최되었고, 수출공업단지 및 수출자유지역의 조성 등도 이 시기에 이루어졌으며, 1969년 末에는 중장기 연불수출의 촉진을 위한 한국수출입은행법도 제정되었다. 전반적으로 볼 때 1960年代는 수입대체산업 육성정책이 退潮하고 대신에 정부의 직접 개입을 통한 수출지원 즉, 기존의 수출인센티브 외에 수출금융에 대한 優待金利의 인하, 수출용 원재료에 대한 수입쿼터와 관세면제, 자본재 및 중간재 구매 시의 간접세 면제 등 다양한 인센티브들이 추가되는 등 수출지원제도가 크게 확충되었다고 할 수 있다.

1970年代에도 종합무역상사제도와 관세환급제도, 그리고 부가가치세 零稅率제도를 도입하는 등 적극적인 수출지원정책 기조는 유지·강화되었다. 이때 형성된 조세제도상 수출지원의 구조는 그 이후 부분적인 변화는 있었으나 아직까지 그대로 유지되고 있다. 이 시기 정책의 중점은 從前의 경공업 중심에서 대규모 중화학공업, 製鐵, 造船工業 등으로 전환되면서 이 부문의 개발 및 수출을 위해 조세감면을 비롯한 각종 지원제도가 크게 확대되었다. 1974년 국민투자기금을 설립하여 국산기계구입, 중화학공장 건설, 국산선박구매, 延拂수출 등에 대하여 低金利로 자금을 供與한 금융지원이 그 한 例이다. 그러나 이러한 정부 주도하의 특정 산업 육성책은 처음부터 對內的, 對外的으로 많은 장애에 부딪쳤을 뿐 아니라 결과적으로 상당한 경제적 損失을 초래하였다는 시각도 있다.[23] 對外的 주요 장애 요인은 油價상승, 선진국에서의 산업조정의 지연, 보호무역주의의 증대 및 세계적인 경기침체 등이었다. 그러나 보다 더 중요한 것은 우리나라의 要素賦存이라는 측면에서 볼 때 比較優位가 그리 잘 보장되지 않는 산업에 대해 지나치게 급속하고 과다한 투자를 행한 태도에 문제가 있었다는 것이다.

---

23) 南宗鉉, <u>國際貿易論</u>, (서울: 經文社, 1997), p.349.

1980年代의 수출지원제도는 모든 특정 산업 진흥과 관련한 법을 폐지하는 대신 보다 일반적인 工業發展法을 制定한 1986년을 분기점으로 前·後期로 나누어 볼 수 있다. 前期에는 1970년대 정부주도하에 강력하게 추진되었던 수출드라이브 및 중화학공업 육성과정에서 파생된 폐단을 없애는데, 그리고 後期에는 산업 간의 균형발전, 정부의 직접간섭 배제, 시장주도형 경제체제로의 전환에 정책의 중점을 두고 수출지원제도를 개선하는 데 상당한 노력이 기울여졌다 할 수 있다. 工業發展法에서는 산업지원에 있어 직접적인 지원보다는 간접적인 지원의 형태를 취하였는데 예컨대 인력훈련이나 연구개발활동 등에 산업중립적인 방식으로 제공되는 금융 및 세제지원 같은 것이 그것이다.

한편, 1980年代 후반에는 대내적으로 국제수지가 흑자를 이루는 등 경제여건이 좋아지고 대외적으로는 UR과 선진 각국의 수입개방 압력이 높아짐에 따라 관세와 非관세의 무역장벽 완화를 통한 수입자유화가 적극적으로 추진되었다.

1990年代의 수출지원제도는 기본적으로 1980년대 후반의 그것이 그대로 유지되었으나 WTO의 出帆과 OECD 가입 등 여건의 변화에 따라 일부 지원제도들이 정비되었다. WTO의 출범과 OECD가입이 수출지원제도에 미치는 영향을 보면 WTO의 경우 WTO협정의 하나인 보조금 및 상계조치에 관한 협성(Agreement on Subsidies Countervailing Measures)에 따라 보조금 성격의 수출지원이 크게 제약을 받게 되었다는 점이고, OECD의 경우 公的 수출신용에 관한 OECD협약(Agreement on Guidelines for Officially Supported Export Credits)에 의해 금융상의 수출지원에 규제를 받게 되었다는 점이다.24)

---

24) 우리나라의 금융상 수출지원은 OECD가입 이전에 이미 OECD의 가이드라인을 벗어나지 않고 있었으므로 동 기구에 대한 가입으로 인해 수출지원에 새로운 제약을 받게 되었다고 보기는 어렵다. 그러나 WTO협정의 발효는 직접세의 감면을 통한 수출지원제도 등을 폐지하지 않을 수 없게 하였다.

34

이상에서 槪觀한 바와 같이 우리나라는 1960년대 初를 기준으로 그 以前까지는 대체로 수입대체전략을, 그 이후부터는 수출진흥전략으로 전환하여 각종 수출지원제도를 운영해 왔다. 무역정책이 對內指向에서 對外志向으로 전환된 내용을 보면 그것이 환율조정을 전제로 한 무역 자유화 즉 수출확대가 아니라 輸入障壁은 높게 유지하면서 이로 인한 反수출편의(anti-export bias)효과를 상쇄하는 일련의 수출유인정책을 도입하는 것으로 이루어진 것이었다. 조세면제를 통한 수출지원의 기본적인 패러다임도 바로 여기에서 출발하고 있다.

결국 우리나라의 대외지향적 경제성장은 1980년대 이후 세계도처의 개발도상국들이 直面한 국제무역 환경과는 다른 환경하에서 전형적으로 정부주도(government-led)에 의한 것이었다.

무역에 있어서 이와 같은 정부 개입의 功過에 대하여는 아직까지도 논란의 여지가 많다. 예를 들어 Auty[25]는 우리나라와 대만의 산업정책을 비교하여 우리나라의 적극적인 정부개입정책이 대만의 소극적인 개입정책과 비교할 때 몇 가지 흠은 있지만 劣等한 것은 아니었다고 평가하고 있는 반면, Lee[26]는 1963-1983년간 우리나라의 38개 산업을 대상으로 한 實證分析을 토대로 무역에 있어 정부개입은 성장의 저해 요인으로 작용하였을 뿐이고, 이것은 관세·비관세장벽을 통한 보호 경우나 보조금의 지급·조세혜택 등의 인센티브 제공의 경우나 모두가 마찬가지였다고 평가하고 있다.

---

25) Auty, R. M., "Competitive Industrial Policy and Macro Performance: Has South Korea Outperformed Taiwan?", The Journal of Development Studies, Vol.28, No.4, (1997), pp.445-463.
26) Lee, J. W., Government Interventions and Productivity Growth in Korean Manufacturing Industry, (National Bureau of Economic Research, Inc. Working Paper No. 5060, 1995), pp.18-19.

2. 우리나라의 主要 輸出支援制度

우리나라의 수출지원제도는 중앙정부의 각 부처와 지방자치단체, 대한무역진흥공사, 수출입은행, 수출보험공사, 무역협회, 각종 수출조합 및 업계·단체별로 매우 다양하다. 산업자원부가 총괄적으로 수출지원과 관련된 무역정책을 수립, 조정하고 있으나 전체적으로 서비스의 통합화와는 거리가 있다. 이러한 각종 수출지원제도를 해외 마케팅 지원, 수출금융지원, 조세상지원으로 나누어 살펴보되 本 연구의 주제인 조세지원에 대하여는 다음 節에서 보다 자세히 분석하기로 한다.

1) 해외 마케팅 지원

수출을 촉진하기 위한 해외 마케팅의 지원은 대한무역진흥공사, 한국무역협회, 대한상공회의소, 중소기업진흥공단, 중소기업협동조합중앙회 등을 통하여 이루어지고 있다. 그중 가장 활발한 활동을 하고 있는 대한무역진흥공사와 한국무역협회의 활동 사례를 보면 다음〈표 Ⅱ-5〉와 같다.

<표 Ⅱ-5> 수출마케팅의 지원 사례

구 분	내 용
수출기업화 지원	수출실적 US$ 100만 이하 중소기업의 수출촉진을 위한 多樣한 수출관련 서비스를 제공
상품홍보 지원	인터넷상 상품홍보/무역홍보지 또는 상품카다록을 제작하여 배포
海外支社化 지원	海外支社가 없는 중소기업에게 해외무역관을 이용하여 거래알선, 바이어 소개, 정보제공 등의 서비스를 제공
해외 시장개척단 파견 지원	해외 시장개척단 또는 경제(교역)사절단을 구성하여 파견하고 이를 지원
해외전시회/박람회 참가 지원	해외전시회/박람회에 한국관 개설, 전시회참가업체에 대한 참가 운영 경비의 보조
去來斡旋	거래관련 정보의 제공, 해외바이어 초청 수출상담회 개최, 바이어 상담지원
有望수출상품 세계 一流化 사업	대표적인 품목 및 업체를 選定하여 海外弘報, 품질고급화 지원
해외 유통망 구축의 지원	해외 현지에 한국상품 공장직매장 또는 常設전시장의 개설운영
수출상담	수출절차, 계약, 클레임, 금융, 운송, 외환, 通關 등에 대한 상담
해외 시장 정보제공	경제, 무역정보를 상담이나 日刊 해외 시장, KOTRANET, KOTIS, 인터넷, 무역일보 등의 媒體를 통해 제공
수출마케팅기법교육	국제비지니스 협상, 商談기법, 무역실무 등에 대한 교육으로 수출마케팅능력 향상

자료: 대한무역진흥공사, "주요 선진국의 수출지원제도"(1998) 및 한국무역협회, "무역연감"(1998), "KOTRANET", "KOTIS"를 참조하여 연구자가 작성

<표 Ⅱ-5>의 마케팅 지원에서 가장 적극적이고 또 중점적으로 이루어지고 있는 것은 거래의 알선과 수출상담이다. <표 Ⅱ-5> 외에도 다

양한 해외 마케팅 지원이 있으나 이러한 마케팅 지원의 효과는 분명하지 않다. 다만, 수출업체에 대한 실태조사 결과에 따르면[27] 해외 마케팅과 관련하여 가장 필요로 하는 것이 해외 시장 및 경기동향에 대한 情報라 응답한 사례가 많았던 점, 그리고 〈표 Ⅱ-2〉에서 분석되고 있는 바와 같이 선진각국의 수출지원이 해외 정보의 제공이나 전시회개최 등과 관련된 해외 마케팅에 집중되고 있는 점에 비추어 볼 때보다 적극적인 해외 정보의 수집과 傳播, 그리고 무역전시회의 참여나 개최에 대한 보다 많은 지원의 필요성이 제기되고 있다 할 것이다.

2) 輸出金融 지원

수출금융은 그동안 자금에 대한 需要가 공급보다 항시 높고, 자금의 可用性과 金利상 우대로 인해 수출업체의 관심이 매우 높았던 지원제도다. 우리나라의 수출금융지원제도는 일반 시중은행을 통해 자금이 공급되는 무역금융 및 무역어음제도와 수출입은행을 통해 공급되는 수출금융, 수출산업설비자금, 그리고 수출보험공사의 수출보험, 수출신용보증 등이 있다.

가. 貿易金融과 무역어음제도

무역금융과 무역어음제도는 국제수지의 균형과 경제성장, 구체적으로는 수출증대라는 금융정책의 목적을 달성하기 위하여 중앙은행인 한국은행이 중심이 되어 시중은행을 통해 자금을 지원하고 있는 제도이다. 제도의 개요는 〈표 Ⅱ-6〉과 같다.

---

27) 한국무역협회, 수출산업실태조사자료, (1997-1998 各년도). 33개 업종의 1,000개 수출업체를 대상으로 각각 1997. 3. 13-5. 7, 1998. 1. 23-2. 21일간 조사원 방문에 의한 실태조사 결과이다. 이들 조사에서 해외 마케팅과 관련하여 해외 시장 및 경기 동향에 대한 정보의 필요성을 지적한 기업은 각각 53%(1997)와 56%(1998)이었다.

<표 Ⅱ-6> 무역금융[28) 및 무역어음제도

구 분		내 용
무역금융	생산자금	수출용 완제품 또는 원자재를 제조, 공급하거나 개발하는 데 소요되는 자금지원
	원자재자금	수출용 원자재를 해외로부터 수입하거나 내국신용장에 의해 구매하는 데 소요되는 자금지원
	완제품구매자금	국내에서 생산된 수출용 완제품을 내국신용장에 의해 구매하는 데 소요되는 자금
무 역 어 음		수출신용장 또는 수출계약서 등을 근거로 수출업체가 발행한 환어음을 금융기관이 引受(지급보증)하고, 인수된 환어음을 은행, 종합금융회사 등 금융중개기관이 割引하여 시중에 유통시킴으로써 자금 조달

자료: 한국은행, "무역금융취급세칙"을 참고하여 연구자가 작성

무역금융은 ① 융자대상자의 엄격한 제한, ② 국내 여신한도에 관계없이 금융통화위원회가 정하는 총액한도 범위 내에서 융자하도록 하는 대출한도에 있어서의 우대, ③ 융자대상 수출액의 일정 비율 이상에 대한 수출의무 부여, ④ 한국은행의 低利(3%)자금 공급에 따른 상대적으로 낮은 대출금리의 적용 등에서 일반금융과는 차이가 있다.

한편, 무역금융의 융자를 받을 수 없는 수출업체에 대한 자금을 지원하기 위한 제도로 무역어음제도가 있다. 이 제도는 수출업체가 수출신용장 등을 수취한 후 수출품을 선적하기까지 소요되는 자금을 무역어음을 발행하여 조달하는 것으로, 무역금융을 이용할 수 없는 30대 계열기업 소속 기업체가 주로 이용하고 있다. 융자된 무역금융과 무역어음 대금은 수출대금이 회수될 때 상환된다.

---

28) 무역금융제도는 금융통화운영위원회가 제정한 무역금융규정과 한국은행 총재가 제정한 한국은행 총액한도대출관련 무역금융세칙에 그 근거를 두고 있는데, 1999. 5. 1 무역금융세칙 개정 전에는 일반수출입금융, 건설·용역수출금융, 농수산물수출준비자금으로 나누어 융자하였다.

수출지원수단으로서 무역금융의 유용성은 수출과 관련한 자금의 원활한 공급에 있다. 무역금융은 1980년대까지 정책금융으로서 융자금리가 국내 시장금리보다 크게 낮게 적용됨으로써 직접적인 보조금 지급의 성격이 강하였지만[29] 1989년부터 특혜성 低利 융자의 폐지로 1990년대는 일반대출금리보다 약간 낮은 수준의 金利가 적용되어 왔다. 무역금융과 무역어음제도의 운용실적은 〈표 Ⅱ-7〉과 같다.

〈표 Ⅱ-7〉 무역금융 및 무역어음제도를 통한 수출지원실적

단위: 수출(억 불) 기타(10억 원)

	1990	1991	1992	1993	1994	1995	1996	1997
수 출	650	719	766	822	960	1,251	1,297	1,362
무역금융	1,947	2,254	2,542	2,473	2,711	2,846	2,679	2,698
무역어음	114	149	379	398	409	412	299	446

자료: 한국은행, "조사통계월보"(1991-1998 각 년도)

〈표 Ⅱ-7〉을 보면 수출은 지속적으로 증가하고 있음에도 무역금융과 무역어음의 지원실적은 이렇다 할 변화를 보이지 않고 있어 상대적으로 지원의 비중은 떨어지고 있다. 이와 같이 무역금융과 무역어음의 이용실적이 떨어진 이유는 다음에서 살펴볼 수출입은행의 수출자금 이용 급증과 밀접한 관련이 있다.

나. 輸出資金 지원제도

수출자금 지원은 非通貨 금융기관인 수출입은행을 통해 행하여지는 자본재 수출에 대한 延拂수출금융 및 동 수출에 필요한 원자재 제조업

---

29) 1979년의 경우를 예로 보면 금융기관의 일반대출금리는 18.5%였으나 무역금융의 융자금리는 9%로서 9.5%의 乖離를 보였다.

자에 대한 低利의 자금대출, 해외투자자금, 외국금융기관을 통하는 구매자 금융인 轉貸자금(Relending Facility), 중소기업자본재 수출의 지원 등을 말하는 것이다. 수출입은행의 자금지원은 수출입은행법의 규정에 따라 금융업무 취급에 있어 다른 금융기관과의 경쟁금지 원칙이 적용되는데 대출기간이 6개월에서 25년까지 장기간인 특징이 있다.

수출자금지원제도의 내용은 〈표 Ⅱ-8〉과 같다.

〈표 Ⅱ-8〉 수출입은행의 수출자금지원제도

중장기수출자금	산업설비, 선박, 철도차량 등 자본재, 기계류의 수출촉진을 위해 수출품 제작에 필요한 국내외 소요자금 및 수출품 引導 완료후 延拂대금의 회수시기까지 자금을 지원
자본재 수출 중소기업 자금	자본재를 수출하는 중소기업에 대하여 과거 6개월 내지 1년 동안의 수출실적을 근거로 수출 또는 생산에 필요한 자금을 지원
기술제공자금	산업설비 설치 또는 운용에 수반하는 기술용역 및 조사, 설계, 監理, 해외건설공사 및 해외건설용역에 필요한 자금을 지원
轉貸자금	수출입은행이 개발도상국에 있는 금융기관 앞으로 공여한 대출한도 내에서 동 轉貸은행이 우리나라로부터 자본재 등을 구매하고자 하는 自國 수입업자에게 대출

자료: 한국수출입은행 자료를 참고하여 연구자가 작성

수출입자금의 융자방식은 수출입은행이 전액 단독으로 지원하는 단독 융자와 플랜트 수출, 거액의 합작투자 등 대규모 프로젝트를 국내외 금융기관 또는 국제 금융기구와 공동으로 分擔 지원하는 공동융자 또는 협조융자 등이 있다. 또 융자받는 자가 누구냐에 따라 공급자 신용(supplier's credit)과 구매자 신용(buyer's credit)으로 나누어지는데 구매자 신용은 다시 직접대출과 轉貸借款으로 구분되어 집행된다. 공급자 신용이란 수출입은행이 국내의 수출업자에 대하여 자금을 供與하는 방식으로, 수출업자는 이러한 자금지원을 바탕으로 수입업자에게

延支給조건으로 수출하게 된다. 구매자 신용이란 수출입은행이 수출업자를 거치지 않고 외국의 수입업자에게 직접 延支給금융을 供與하는 금융방식으로 국내 수출업자는 수출물품 인도 시 수출입은행으로부터 수출대금 전액을 지급받음으로써 一覽出給 수출과 같은 효과를 갖게 되는 것이다. 미국은 1998년 우리나라를 비롯한 외환위기에 있는 아시아 국가들에 이와 같은 구매자 신용의 미 수출입은행 자금을 적극 공여하는 것으로 미국 기업에 대한 수출지원을 강화한 바 있다.[30]

수출자금지원제도를 통한 지원실적은 〈표 Ⅱ-9〉와 같다.

<표 Ⅱ-9> 輸出資金의 지원실적

단위: 10억 원

	중장기 수출자금	자본재수출 중소기업자금	기술제공자금	轉貸자금	합 계
1990	469	-	-	0.6	470
1991	819	-	-	168	987
1992	798	-	-	202	1,000
1993	2,049	-	-	15	2,064
1994	2,550	-	-	10	2,560
1995	3,239	140	7	13	3,399
1996	3,622	480	9	35	4,146
1997	5,336	754	6	121	6,217

자료: 한국수출입은행, "輸銀조사월보", (1990-1998 각 년도)

〈표 Ⅱ-9〉에서 중장기수출자금의 지원실적이 1990년대 들어 급격하게 늘어나고 있음을 알 수 있다. 중장기수출자금 지원실적이 크게 늘어나는 것은 무역금융에 비해 대출상의 제약이 적고 융자기간도 상대적으로 길다는 것이 主要因인 것으로 분석된다. 이와 같은 수출자금의

---

30) TPCC, *op. cit.*, pp.1-10.

지원은 해당 산업에 대해 생산유발이나 고용유발, 그리고 외화가득에 있어 상당한 효과를 거두고 있는 것으로 보고되고 있다.[31]

다. 輸出保險, 輸出保證制度

수출보험은 수출거래에서 발생하는 각종 위험에 대비하여 1920년대부터 각국에서 산업정책의 일환으로 실시하고 있는 일종의 정책보험(public insurance)을 말하고, 수출보증은 플랜트나 해외건설공사 등 대규모 수출계약에서 발주자가 계약이행을 擔保하기 위하여 요구하는 보증서(bond)를 금융기관이 발행하는 것을 말한다. 우리나라가 운영 중인 수출보험 및 수출신용보증제도는 〈표 Ⅱ-10〉과 같다.

---

31) 여기에서 생산유발효과란 수출증가가 해당부분의 국내 생산을 증가시키고 나아가 연쇄적으로 관련 산업의 생산증대를 유발시키는 효과를, 고용유발효과는 이러한 생산의 증가로 인해 고용이 늘어나는 효과를, 그리고 외화가득효과는 수출액으로부터 그것을 생산하는데 직, 간접적으로 필요한 수입액을 공제한 금액이 늘어나는 효과를 말한다. 金廷勳, "산업연관분석에 따른 輸銀지원자금의 국민경제적 기여효과 분석", 輸銀調査月報, (1999. 1), pp.16-35.

〈표 Ⅱ-10〉 수출보험, 수출신용보증제도

종　목	내　용
중장기수출보험	대금의 결제기간이 2년을 초과하는 수출계약 체결 후 수출 불가능 또는 수출대금 회수불능으로 입게 되는 손실을 보상
단기수출보험	대금의 결제기간이 2년 이내인 수출계약 체결 후 수출 불가능 또는 수출대금 회수불능으로 입게 되는 손실을 보상
수출보증보험	금융기관이 해외공사계약·수출계약과 관련하여 수입자에게 보증서(Bond)를 발급한 후 수출자의 수출불이행 또는 瑕疵 발생시 보증채무를 이행함에 따라 발생하는 손실을 보상
수출어음보험	금융기관이 수출화환어음을 買入한 후 어음만기에 수출대금을 받지 못할 경우 발생하는 손실을 보상
수출신용보증	수출자가 수출과 관련하여 금융기관으로부터 대출을 받거나 환어음 매각 시 수출보험공사가 連帶保證
해외투자보험	주식취득 등 해외투자 후 元利金, 배당금 등을 회수할 수 없게 될 경우 이를 보상
농수산물수출보험	농수산물 수출계약 후 수출이 불가능하게 되거나 수출대금을 받지 못할 경우 또는 당해 농수산물의 국내가격 변동으로 수출이행 시 입게 되는 손실을 보상
해외공사보험	해외공사계약 체결 후 공사에 필요한 물품의 수출이 불가능하게 되거나, 공사를 위한 지출비용을 회수할 수 없게 됨에 따라 발생하는 손실을 보상
시장개척보험	무역전시회 참가, 해외직매장 설치 등 시장개척활동의 비용을 수출로 회수하지 못하여 발생하는 손실을 보상

자료: 한국수출보험공사 자료를 참고하여 연구자가 작성

우리나라는 1968년 12월 수출보험법의 제정 이후 대한재보험공사 등을 거쳐 1992년 7월 한국수출보험공사를 설립하여 수출보험을 專擔시키고 있다. 수출보험은 무역거래에 있어 발생하는 위험 가운데서 통상의 보험제도로서 擔保될 수 없는 위험, 즉 수입국에서의 전쟁, 내란, 환거래의 제한 및 금지 등의 非常위험(political risk)과 수출계약 상대방의 파산이나 대금지급 지연 및 거절·신용위험(commercial risk)으로 인하여 수출업자, 생산업자 또는 수출자금을 융자해 준 금융기관이 입는 손실을 보상해 줌으로써 수출을 지원한다.

수출보증은 규모가 큰 국제 입찰이나 수출계약, 기술제공계약에는 보증서의 제출이 필수적이므로 수출보증이 원활하지 못하면 플랜트 수출이나 건설공사의 입찰 참여가 어렵기 때문에 필요하게 된다. 수출보증은 시중의 각 금융기관이 행하고 있으나 이러한 수출보증을 한 금융기관의 보증채무를 이행함에 따라 발생할 수 있는 손실은 수출보증보험으로 회피되고 있다.

한편, 수출신용보증제도는 수출자가 무역금융 등을 외국환은행으로부터 융자받고자 할 때 수출보험공사가 이를 連帶 보증함으로써 수출자에 대한 금융기관의 자금지원을 촉진할 목적으로 시행되는 제도이다. 1990年代 이후 非신용장방식의 수출증가와[32] 개발도상국에 대한 수출 비중의 증가, 외환위기에 따른 환율의 불안정 등으로 수출지원수단으로서 수출보험의 중요성은 더욱 높아지고 있다.

수출보험의 이용실적은 〈표 Ⅱ-11〉과 같다. 〈표 Ⅱ-11〉에서 수출보험 이용실적은 1990년대 들어 크게 늘어나고 있음을 알 수 있다. 그러나 아직까지 총 수출액 대비 수출보험 부보율은 1997년의 경우 13.5%로 상당히 낮은 편이다. 한편, 중소기업이 많이 활용하고 있는 단기수출보험과 수출보증보험의 이용실적이 급속히 증가하고 있는데, 1997년의 경우 총 수출보험 가입금액의 41.9%가 중소기업이 이용한 실적이었다.

1987-1997년간의 수출보험자료를 이용하여 수출지원수단으로서 수출보험의 효과를 연구한 결과[33]에 따르면 수출보험이 수출에 기여하는

---

32) 非신용장 방식의 수출 비중은 1992년 36.5%에서 1997년에는 61.1%로, 개발도상국에 대한 수출 비중은 1992년 44.0%에서 1997년에는 55.9%로 각각 증가하였다.

33) 김희국, "수출보험이 수출에 미치는 효과분석", <u>수출보험</u>, (1998. 11), pp. 16-26.

효과는 약 5%의 수출증대인 것으로 추정되고 있다. 한편, 수출보증보
험 이용실적을 보면 수출보증은 지속적으로 늘어나고는 있지만 그다지
활성화되고 있지 못함이 나타나고 있다.

<표 Ⅱ-11> 수출보험 이용실적

단위: 10억 원

	1990	1991	1992	1993	1994	1995	1996	1997
중장기수출보험	82	195	41	415	771	665	676	1,443
단기수출보험	1	46	114	208	254	6,378	8,788	12,017
수출보증보험	106	29	86	35	81	149	123	232
수출어음보험	1,450	1,174	1,490	2,287	3,320	2,537	2,086	1,066
수출신용보증	-	-	-	17	69	201	216	384
해외투자보험	-	-	0.1	71	86	117	117	125
농수산물수출보험	-	-	-	-	-	0.4	33	48
해외공사보험	-	-	-	-	-	-	370	-
시장개척보험	-	-	-	-	-	0.06	0.6	0.3

자료: 한국수출보험공사, "수출보험", (1991-1999 각 년도)

第3節 租稅를 통한 輸出支援制度

조세지원은 稅制上 특별한 조치에 의해 기업의 조세부담을 輕減(減
稅)하거나 免除(免稅)하는[34] 차별로 그 혜택을 받는 특정부문을 상대

---

34) 減稅와 免稅를 합하여 減免이라 한다. 수출과 관련한 조세의 지원 특히,
　　間接稅制上의 지원은 免稅를 원칙으로 하고 있으므로 이 硏究에서도 免稅
　　를 중심으로 하였다. 면세는 그 시기에 따라 사전면세와 사후면세로 구분

46

적으로 유리하게 하는 정책적인 조치이다. 수출지원을 위한 조세제도
는 국내 소비물품에 부과되는 조세를 수출의 경우 면제함으로써 국제
시장에서 거래되는 수출상품의 가격 경쟁력을 지원하는 것이다.

수출촉진을 위한 조세상 지원은 직접세 또는 간접세 어느 쪽으로도
가능하나 WTO 규범상 직접세에 대한 지원은 금지되고 있고,[35] 우리
나라에서도[36] 이와 관련된 제도는 이미 폐지하였으므로 직접세를 통한
수출지원은 논의의 實益이 없다.

조세에 의한 수출지원은 〈표 Ⅱ-2〉의 분석에서와 같이 주요 선진국
에서는 지원수단으로서 의의를 거의 갖지 못하고 있다. 그 원인은 여
러 요인에서 비롯된다. 수출지원을 위한 간접세의 면제나 경감의 정도
는 수출물품 생산에 소요되는 원재료의 輸入依存度, 수입되는 원재료
에 대한 관세율의 수준, 원재료의 수입 및 국내 거래 시 부과·징수되
는 내국소비세율의 수준, 조세의 면제 시기와 방법, 수출상품의 우회생
산 정도 등 여러 요인에 따라 달라지게 된다.

그런데 주요 선진국들의 경우를 보면 원재료의 輸入依存度와, 수입
되는 원재료에 대한 관세율의 수준이 상당히 낮고, 상대적으로 수출물
품의 우회생산 정도는 높은 것이 일반적이며, 간접세의 면제 방법도
면세보다는 보세제도 등을 적극 활용하고 있는데 이러한 여러 요인이
복합적으로 작용하여 수출과 관련한 조세제도의 의의가 낮은 것으로
분석된다. 그러나 우리나라의 경우는 수출상품은 대개 단순 가공 수출

될 수 있다.

35) WTO, Agreement on Subsidies and Countervailing Measures, Annex 1.

36) 직접세에 의한 수출지원의 방법은 세액감면, 소득공제, 세액공제, 준비금제
도, 특별상각제도 등으로 가능하다. 우리나라의 경우 수출사업에 대한 특
별감가상각비의 計上제도, 외국航行사업에 대한 특별감가상각비 計上제도,
외국납부세액의 損金算入制度 등을 WTO출범 직전인 1994. 12에, 수출손
실준비금 損金算入제도와 해외 시장개척준비금 損金算入제도를 1998. 12에
각각 폐지하여 현재 수출을 지원하기 위한 직접세제상의 제도는 운영하지
않고 있다.

구조를 면하지 못하고 있다는 점, 수출용 원재료의 輸入依存度가 높다는 점,[37] 수입 및 국내 거래 물품에 대해 부과, 징수되는 간접세율이 상대적으로 높다는 점,[38] 수출과 관련한 조세지원을 주로 면세에 의존하고 있다는 점, 그리고 산업구조의 고도화(우회생산도) 정도가 미흡하다는 점 등으로 인해 이들 선진국과는 달리 수출과 관련되는 조세의 지원이 중요한 의미를 갖는다.

물품 수출과 관련한 조세지원은 다음 [그림 Ⅱ-2]와 같이 수출물품 생산에 소요되는 원재료의 조달경로, 생산과정, 수출형태 등과 밀접한 관련이 있다.

[그림 Ⅱ-2]에서 소요되는 원재료 조달경로를 기준으로 하여 수출물품의 제조·가공과정을 보면 수입원재료만 사용하는 경우, 국산 원재료만 사용하는 경우, 수입원재료와 국산 원재료를 혼용하는 경우의 세 가지로 나누어진다.

---

37) 수출품 생산을 위하여 원자재를 수입하는 비율을 수출의 輸入依存度라 하는데, 이 비율은 산업관련표를 통하여 추정이 가능하다. 1988년의 자료를 이용하여 분석한 연구에 의하면 우리나라제조업의 경우 수출의 수입의존도는 36.0%로 유사한 가공산업구조인 대만의 34.9%보다 높고 일본의 8.5%에 비해서는 4배 이상 높은 것으로 나타났다. 俞正鎬, 韓·臺·日의 輸入依存構造 비교, (서울: 산업연구원, 1995), p.58.

38) 관세, 부가가치세 등 내국세를 포함하는 간접세가 國税 財政收入에서 차지하는 比重은 1996년 기준으로 우리나라가 55.6%, 일본 34.7%, 미국 7.9%, 영국 45.3%, 프랑스 60.8% 수준이다. 재정경제부, 租税概要, (1999), p.19.

48

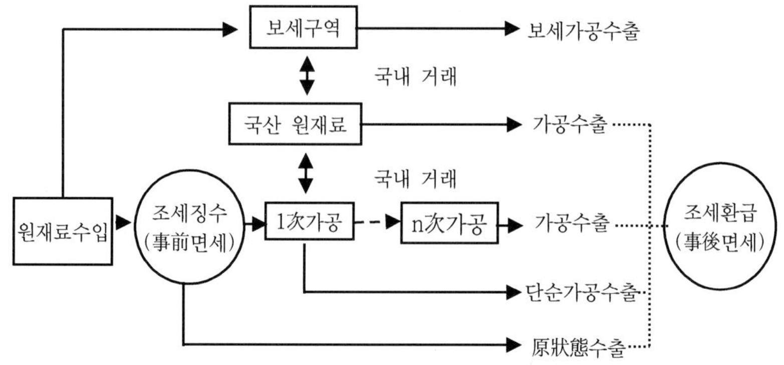

자료: 각 稅法의 규정을 참고하여 연구자가 작성

[그림 Ⅱ-2] 財貨의 輸出入, 生産過程과 租稅減免의 槪念圖

국산 원재료에는 국내에서 栽培 또는 採取된 1차 산품과 같이 순수한 국산 원재료도 있고, 수입원재료를 사용하여 추가적인 가공을 거쳐 공급되는 중간재도 있다. 後者와 같은 중간재의 경우에는 수입된 기초 원재료가 포함되어 있으므로 엄밀한 의미에서 완전한 국산 원재료라 보기 어렵지만 일반적으로 국산 원재료로 간주하고 있다.

한편, 원재료의 공급원과 수출물품의 생산과정을 기준으로 하면 수출은 [그림 Ⅱ-2]에서와 같이 보세가공수출, 단순가공수출, 多段階가공 수출, 原狀態수출의 네 가지로 분류될 수 있다. [그림 Ⅱ-2]와 같은 원재료 조달, 물품 생산 및 수출의 과정에서 조세의 부과·징수 또는 면세는 원재료의 수입 통관, 국내 거래, 그리고 수출 후라는 세 단계에서 행해진다. 이를 조세면제의 시기와 방법 등을 기준으로 하여 제도상으로 구분하면 크게 사전면세와 사후면세, 보세, 그리고 徵收猶豫제도의 네 가지가 된다. 특별소비세, 주세 등의 경우는 상품의 出庫 시점이 해당 소비세의 징수시기가 되나 수출을 목적으로 出庫할 경우에는 면세 또는 非課稅 조치하고 있으므로 성격이 좀 다르기는 하나 원천적으로 조세 부담을 주지 않도록 한다는 점에서는 사전면세에 속한다고 할 수 있다. 어느 제도에 의하건 수출과 관련한 조세면제의 특징은 이러한 지원이 법률에 규정된 대로 일괄적으로 행해진다는 점이다.

Lonidas 등이 1975-1995년 사이 발표된 기업의 수출발전 과정과 관련된 논문들을 종합 분석한 바에 따르면 대부분의 연구에서 수출을 자극하여 확대하거나 장애를 주는 요인은 수출발전 단계마다 다른 것으로 지적되고 있다.[39]

한편, 수출지원을 위한 조세제도를 논의함에 있어 먼저 '수출'의 개념을 보다 명확하게 정리해 둘 필요가 있다. 조세법상 수출의 개념은 일반적인 의미의 수출과는 다르게 사용되고 있기 때문이다.[40] 辭典的인 의미로 보면 수출이란 한 나라 또는 한 지역으로부터 다른 나라 또는 다른 지역으로 재화를 내보내는 것이란 의미로서 정의되는데, 여기에서의 한 나라 또는 한 지역이란 UN이 권고하고 있는 무역통계의 기준에 따르면 하나의 經濟領域(economic territory)을 의미하는 것이다.[41] 다음의 〈표 Ⅱ-12〉는 국내 거래로서 각 세법에서 수출로 간주하고 있는 범위를 보여주고 있다. 〈표 Ⅱ-12〉에서 알 수 있는 것은 稅法에서는 외화획득을 위한 광범위한 국내 거래행위가 수출로 간주되고 있다는 점이다. 이는 특히 부가가치세 등 내국소비세에 있어 현저하고 관세의 경우에는 상당히 제한적이다.

---

39) Leonidou, Leonidas C. & Constantine S. Katsikeas, "The export development process: An integrative review of empirical models", Journal of International Business Studies, (3rd Quarter, 1996), pp.517-553.

40) 鄭在完, "조세법상 지원대상인 수출 및 외화획득행위에 대한 考察", 稅務大學 학술연구논문집, 통권 第 輯, (1998), pp.229-256.

41) UN, International merchandise trade statistic: concept and definitions, (1996), pp.58-59 경제 영역이란 ① 영토, 영공, 영해, 그 나라가 배타적 어업권과 해저광물 채굴권을 가진 排他的 經濟水域 내의 대륙붕, ② 餘他國에 있는 영지, ③ 세관의 통제하에 있는 해외기업이 入住한 자유무역지대, 보세창고, 보세장치장 등을 의미한다.

　수출물품에 대한 간접세의 면제는 조세부과 논리상 消費地 과세원칙에 따른 국경세 조정이란 의미도 있다. 간접세는 기본적으로 물품의 소비행위를 대상으로 하는 것이므로 수입되는 재화에는 국내 소비세를 부과・징수하고 국내에서 소비되지 않고 수출하는 재화에 대해서는 국내 소비세를 면세하거나 이미 부과된 소비세를 환급한다는 것이다. 이러한 소비지과세원칙은 이미 19세기에 확립된 국제관행으로 WTO와 OECD의 각종 규정에도 그 원칙을 명시하고 있다.

<표 Ⅱ-12> 國內去來의 수출 인정범위

내　　　　용	관세법	환 급 특례법	조세감면 규제법	부가가 치세법	특별소 비세법	주세법	교통 세법
해외취업근로자에 대한 외화판매	×	○	×	○	○	×	×
駐韓미군에 대한 외화판매	×	○	○	○	○	○	
駐韓외국공관에 대한 외화판매	×	○	○	○	○	○	○
외자도입자본재에 대한 외화판매	×	○	×	×	×	×	×
국제경쟁낙찰물품의 외화판매	×	○	○	○	○	×	○
船(機)用品의 공급	○	○	×	○	×	○	×
원양어선에 대한 물품송부	○	○	×	○	×	○	×
보세(임)가공업체에 대한 공급	×	○	○	×	×	×	×
수출품 생산업체에 대한 공급	×	×	○	○	×	×	×
국제입찰하도급납품업	×	×	○	×	×	×	×
관광사업	×	×	○	○	×	×	×
외국인전용판매장에 대한 공급	×	○	×	○	○	○	×
국내非거주자 등에 대한 원화판매	×	×	×	○	×	×	×
외신기자에 대한 재화의 공급	×	×	×	○	×	×	×
외국인관광객 반출 물품의 공급	×	×	○	×	×	×	×
駐韓외국군 및 외국인선원 전용 유흥음식점에서 제공하는 酒類	×	×	○	×	×	×	×

※수출 인정 여부: ○인정 ×불인정
　자료: 각 稅法의 규정을 참고하여 연구자가 작성

國境稅 조정의 대상이 되는 조세를 간접세로 국한하고 있는 것은 생산자에게 부과되는 조세는 소비자에게 轉嫁되지 않으나, 생산물에 부과되는 조세는 전가된다고 가정하기 때문인데 이러한 가정의 타당성에 대하여는 많은 이의가 제기[42]되고 있다.

오늘날 대부분의 국가에서 수출물품과 관련한 간접세를 면제하고 있으나 반드시 그런 것만은 아니다. 예를 들면 대만의 경우 관세율이 5% 이하인 수입원재료에 대하여는 그 원재료를 사용하여 물품을 생산, 수출하더라도 이미 納付한 관세는 환급을 허용하지 아니한다.[43] 또 간접세를 면제하는 시기와 방법도 각기 달라 미국과 같이 보세제도를 중점적으로 운용하는 나라가 있는가 하면 호주와 같이 사전면세제도를 중점적으로 운용하는 나라도 있다.[44]

한편, Raff 등이 미국의 해외직접투자업체들을 대상으로 한 연구결과에 따르면[45] 수출용 원재료에 대한 조세의 면제와 같은 인센티브의 제공은 供與國으로 하여금 수출을 촉진하게 할 뿐 아니라 해외직접투자(FDI) 유치에도 유리하게 작용한다. 수출지원을 위한 조세제도의 운용에 있어 우리나라는 사후면세제도를 중심으로 하고, 사전면세제도와

---

42) Demaret, Paul & Raoul Stewardson, "Border Tax Adjustments under GATT and EC Law and General Implications for Environmental Taxes", Journal of World Trade, Vol.28, No.4, (1994), p.5.
43) Wu, Chia Sheng & Shui Chi Chung, Design and Operation of Duty Drawback System, Department of Customs Administration, Taiwan, (1995).
44) 미국과 호주의 경우에도 보세제도, 사전면세제도, 사후면세제도가 모두 있지만 미국은 보세제도의 일종인 FTZ(Foreign Trade Zone)제도를, 호주는 사전면세제도의 일종인 TEXCO(Tariff Export Concession)제도를 중심으로 하고 있다. 재정경제원. 각국의 관세환급제도와 그 유사제도, (1996), pp.43-76.
45) Raff, Horst & Krishna Srinivasan, "Tax Incentives for Import-Substituting Foreign Investment: Does signaling play a role?", Journal of Public Economics Vol.67, (1998), pp.167-193.

보세제도, 징수유예제도를 보완적으로 활용하고 있는데, 이하에서 이들 제도를 좀더 구체적으로 살펴보기로 한다.

1. 事後免稅制度

사후면세제도는 세법에서 규정된 바대로 물품의 수입 또는 국내 거래 시에 해당 조세를 일단 징수한 다음 수출이 이행되면 이미 징수한 조세를 환급하거나, 납부하여야 할 세액에서 공제 또는 損金算入 등의 방법으로 조세의 부담을 면제시켜 주는 제도이다. 우리나라가 현재 운용 중인 제도는 수출물품 생산을 위한 원재료 수입 시 부과한 조세를 환급하는 경우와, 국내 거래단계에서 부과된 조세를 환급하는 경우의 두 가지로 구분할 수 있다. 어느 경우이건 조세가 부과된 원재료를 사용·소비하여 생산한 물품이 수출된 후에 환급이 이루어진다는 점에서는 동일하다.

우선 수출물품 생산을 위한 원재료 수입 시 부과·징수한 조세를 환급하는 경우를 본다. 외국으로부터 원재료가 수입될 때 관세·특별소비세·주세·교통세·교육세·농어촌특별세 그리고 부가가치세가 부과·징수된다. 이때 관세를 제외한 나머지 내국세의 부과·징수·환급·결손처분에 관하여 관세법은 관세법과 국세기본법, 국세징수법, 부가가치세법, 특별소비세법, 주세법, 교육세법, 교통세법 및 농어촌특별세법의 규정과 관세법의 규정이 상충하는 경우 관세법의 규정을 우선 적용하도록 정하고 있다.[46] 이에 따라 수입물품에 부과되는 내국세의 세율 등은 각 세법에 규정된 바에 따르나 부과와 징수 등은 관세법에 의해 稅關長이 행한다.

---

46) 관세법 제26조의2.

원재료를 수입하여 물품을 생산·수출함에 있어 조세징수와 환급의 체계는 〈표 Ⅱ-13〉과 같다.

〈표 Ⅱ-13〉 수출용 원재료 수입 시 징수되는 조세와 환급

대상 조세	징수근거 법률	징수기관	환급근거법률	환급기관
관 세 특별소비세 주 세 교통세 교육세 농어촌특별세	각 세법의 규정을 따르되 관세법과 각 세법이 상충될 때는 관세법을 우선 적용	세 관 장	환급특례법	세 관 장
부가가치세			부가가치세법	세무서장

자료: 각 稅法의 규정을 참고하여 연구자가 작성

〈표 Ⅱ-13〉을 보면 물품 수출 시의 환급은 부가가치세의 경우 부가가치세법에 따라 稅務署長이, 나머지 조세는 각 세법의 규정과는 관계없이 모두 特例法인 환급특례법에 의하여 稅關長이 행하고 있어 징수근거 법률과 환급근거 법률, 그리고 징수기관과 환급기관이 각각 다름을 알 수 있다.

이번에는 국내 거래단계에서 부과·징수된 내국세인 부가가치세, 특별소비세, 교통세, 주세, 교육세의 환급을 보기로 한다. 국내 거래단계에서 부과되는 것으로 물품 수출 시 환급되는 조세의 징수와 환급체계는 〈표 Ⅱ-14〉와 같다.

<표 Ⅱ-14> 國內去來段階에서 徵收되는 租稅와 還給

대상 조세	징수근거 법률	징수기관	환급근거 법률	환급기관
부가가치세	부가가치세법	세무서장	징수근거법률과 동일	세무서장
특별소비세	특별소비세법			
교 통 세	교통세법			
주 세	주 세 법			
교 육 세	교육세법			
농어촌특별세	농어촌특별세법			

자료: 각 세법의 규정을 참고하여 연구자가 작성

<표 Ⅱ-14>에서와 같이 국내 거래단계에서 징수되는 조세로 수출 시 환급되는 조세는 모두 여섯 종류이다. 이러한 조세는 수출용 원재료로 외국에서 수입되는 경우와는 달리 징수와 환급이 모두 동일한 법률, 동일한 기관에 의하고 있다.

<표 Ⅱ-13>과 <표 Ⅱ-14>를 비교해 보면 관세의 경우는 징수와 환급이 동일 기관에서 이루어지고 있고 부가가치세의 경우는 징수는 기관이 二元化되어 있으나 환급은 一元化 되어있는데, 기타 조세는 별개의 법률에 의해 별도의 기관에서 징수와 환급이 이루어지는 二元的인 구조를 이루고 있는 차이를 보인다.

징수와 환급에 있어서의 이러한 이원화는 지원의 효율성을 떨어뜨리는 결과가 초래될 수 있음을 示唆하는 것이다. 환급을 위해 수출기업이 지출해야 하는 비용이 증가하고, 행정기관의 환급업무 관리상의 효율이 떨어질 것이기 때문이다.

이번에는 물품 수출에 따른 조세환급의 방법을 조세의 종류와 환급대상이 되는 조세의 징수 원인에 따라 분석해 보면 <표 Ⅱ-15>와 같다. <표 Ⅱ-15>에서 定額還給이라 함은 정부가 일정 단위별로 환급금액을 정하여 고시해 두고 물품 수출 시 고시된 금액을 환급하는 것이

고, 個別還給이란 이러한 정액환급에 대응하는 개념으로서 일정 단위
별로 매번 환급금액을 일일이 정확하게 계산하여 지급하는 것이다. 정
액환급은 현재 중소기업의 수출물품에 대한 환급절차를 간소화하기 위
하여[47] 운용되고 있다. 즉, 중소기업에 대한 환급절차상의 지원을 위하
여 운용되고 있는 것이다.

<표 Ⅱ-15> 물품 수출에 따른 조세환급의 방법

조세징수	대상 조세	계산방법	환급시기	환급단위
수출용 원재료 수입 시 稅關長이 징수	관세·특별소비세·주세·교통세·교육세·농어촌특별세	정액환급	출신고수리 후 2년 이내 어느 때든지 가능	수출신고수리 건별
		개별환급		
물품의 국내 거래 시 稅務署長이 징수	부가가치세	개별환급	早期환급 (매월 또는 매 2, 3월마다 환급)	기업별·기간별
	특별소비세·주세·교통세·교육세	개별환급	특별소비세·주세·교통세·교육세의 납부 시	기업별·기간별

자료: 각 세법의 규정을 참고하여 연구자가 작성

정액환급에 의할 경우 정부가 고시한 품목을 실제 수출하였다는 사
실만 서류로 확인하면 되므로 환급신청과 관련한 서류가 단순하고 환
급절차도 매우 간편하다는 장점이 있어 환급과 관련한 전문 인력이 부
족한 중소기업체에 특히 도움이 될 수 있다.

그러나 정액환급액의 결정을 최근 6개월 동안 수출품목의 평균환급
액 또는 평균납부세액을 기초로 하여 정하도록 하고 있어 정액환급의
대상품목은 그리 많지 않다. 뿐만 아니라 실제 정부가 정액환급액을
책정함에 있어서도 過多환급을 염려하여[48] 대상품목별 조사대상 기간

---

47) 환급특례법 제13조. 이를 簡易定額還給制度라 한다.

의 평균환급액이나 평균납부세액이 아니라 그보다 더 낮은 수준을 정액환급액으로 책정, 告示하고 있다.49)

결국, 類似물품을 수출하고도 정액환급 시 환급액은 개별환급액에 비하여 30% 수준에도 미치지 못하고 있어 중소기업에 대한 지원의 효율성이 떨어지고 있는 것으로 분석된다. 실질적인 중소기업 지원을 위해서는 정액환급 대상품목을 늘리고, 정액환급액 또한 평균개념에 충실할 수 있도록 할 필요가 있을 것이다.

〈표 Ⅱ-15〉에서 보는 바와 같이 수출용 원재료가 외국으로부터 수입될 때 징수된 관세·특별소비세·주세·교통세·교육세·농어촌특별세 등의 조세는 관세법 제137조의 규정에 의하여 稅關長에게 수출신고하고 수리된 수출신고수리건 단위로 환급하며, 환급시기는 수출신고가 수리된 날부터 2년 이내이다. 그러나 수출업체에 대한 실태조사 결과에 따르면50) 실제 환급이 이루어지는 시기는 조세징수 후 평균 104일이 지나야 가능한 것으로 나타났다. 無期환급제도를 적용하고 있는 부가가치세의 경우는 이보다는 다소 빨라 약 50여 일이 소요될 것으로 추정된다.

조세환급제도는 1970년대 중반 또는 후반에 사전면세 대신에 도입되었다.51) 이 제도를 도입한 주요한 이유는 복잡한 사후관리의 문제와

---

48) 관세청 내부 자료에 따르면 환급이 이루어진 수출을 기준으로 할 때 수출 1$당 환급액은 1997년의 경우 개별환급이 35.2원임에 비해 정액환급은 7.6원이었고, 1998년의 경우는 개별환급이 26.4원임에 비해 정액환급은 8.6원에 불과하였다. 이것은 정액환급 시 실제 부담한 조세액보다 수출 후 환급받을 수 있는 금액이 크게 낮게 된다는 것을 의미하는 것이다.
49) 환급특례법 제13조, 동법 시행령 제16조. 1999.8 현재 중소기업이 이용할 수 있도록 고시되어 있는 정액환급 대상품목은 3,247개이다. 1998년의 경우 총 관세환급액 중 정액환급액은 전체의 4.8%였다.
50) 조사결과에 대한 분석내용은 第Ⅴ章 참조.
51) 우리나라는 수출용 원재료의 수입에 대해 1961. 4 事前免稅制度를 도입하여 시행하다가 1974. 12 환급특례법을 제정하여 1975. 7 시행함으로써 事後免稅制度로 전환하였다. 제도 전환의 배경에는 1973년 말의 석유파동 이

수출용 원재료의 국산화를 촉진토록 한다는 데 있었다. 그러나 국산 원재료의 사용촉진과 수출증대는 다음 [그림 Ⅱ-3]에서 보는 바와 같이 정책효과가 서로 상충되는 측면이 있다.

[그림 Ⅱ-3]은 조세환급을 통해 정부가 기대하는 효과는 수출증대와 원재료 국산화촉진이라는 正의 효과이지만 실제로는 이러한 기대효과 외에 제도 자체가 가진 모순으로 인한 수출감소와 원재료의 수입촉진이라는 負의 派生효과도 함께 발생하고 있음을 보여주고 있다.

한편, 사후관리 간소화문제는 수출업체에게는 환급업무라는 새로운 복잡한 행정절차가 필요하게 되었다는 문제점이 있다.

수출에 따른 조세의 환급과 관련한 Panagariya의 연구결과에 따르면[52] 완제품 수입에 대하여 조세가 부과되고 있는 상황에서 수출에 따른 수출용 원재료에 대한 환급은 일단은 그 나라의 후생을 증가시키는 것으로 지적되고 있는데, 이를 보장하기 위한 충분조건은 수출완제품과 수입 시 조세가 징수되는 완제품이 代替的 소비관계에 있다는 것이었다.

후 惡化된 무역수지의 문제가 있다. 무역수지 악화에는 여러 요인이 있었으나 수출용 원재료의 과다한 수입의존도 그 원인의 하나로 지적되었다. 1974년의 경우를 보면 수출물품 생산에 사용된 수입원재료에 대한 事前免稅額이 총 관세징수액보다 오히려 많은 상태였다. 이러한 사정이 수출지향의 경제성장 정책기조는 유지하되 다른 한편에서는 원재료의 국산 대체를 강력히 추진할 필요를 느끼게 하였던 것이다. 한편 영세율과 조기환급제도를 규정한 부가가치세법은 1976. 12에 제정되어 1977. 7부터 시행되었다.

52) Panagariya, Arvind, "Input Tariff and Duty Drawbacks in the Design of Tariff Reform", The World Bank Working Paper 336, (1990), pp.20-21.

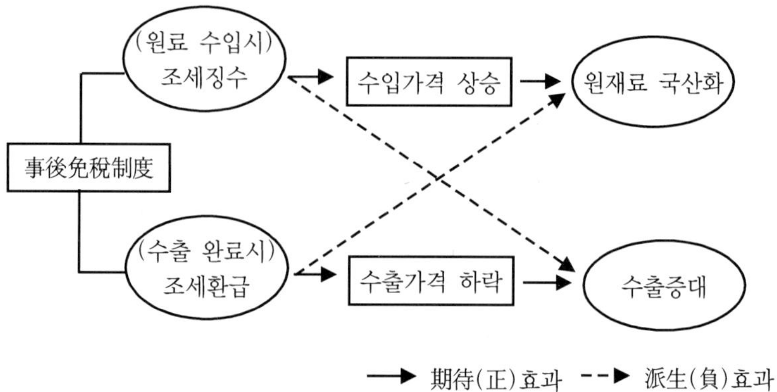

자료: 각 稅法의 규정을 참고하여 연구자가 작성

[그림 II -3] 租稅還給의 期待효과와 派生효과

Panagariya는 만일 수출용 원재료에 대한 조세징수와 수출에 따른 환급이 그 나라의 재정수입이 줄어들지 않는 방법으로 완제품에 대한 수입시의 조세인하와 병행된다면 후생증가는 더욱 커질 수 있다고 보았다.

2. 事前免稅制度 · 保稅制度 · 徵收猶豫制度

사전면세제도는 수입 통관 또는 국내 거래단계에서 부과·징수하여야 할 조세를 추후 해당 원재료를 사용, 소비하여 생산한 물품을 수출할 것을 전제로 면세하거나 수출을 위해 출고되는 완제품에 대하여 내국소비세를 免除 또는 非課稅 처분하는 것이다. 따라서 사전면세의 시기는 관세와 내국소비세가 부과·징수되는 時點 즉, 수출용 원재료의 수입 통관, 국내 거래 시, 또는 완제품 出庫 시가 된다.

사전면세의 장점은 조세 부담을 무期에 제거함으로써 조세로 인한 수출물품의 가격상승 요인을 최대한 배제할 수 있다는 데 있다. 이 제도는 수출용 원재료에 대한 無稅(또는 零의 세율) 또는 보세제도의 적용과 유사한 측면이 있다. 그러나 사전면세는 수출을 전제로 하는 수출용 원재료나 완제품에 대해서만 면세할 뿐이지만 무세 적용은 수출여부와는 관련이 없기 때문에 국가의 재정수입 측면에서 차이가 발생한다. 한편, 사전면세는 수출용은 면세하나 내수용은 과세하는 일종의 二重稅率制度의 적용이므로 당초의 조건대로 수출을 이행하였는지에 대한 사후관리가 필요하다는 점이 短點으로 지적된다. 이와 같은 사후관리는 모든 관리를 手作業에 의존하는 체제하에서는 상당히 복잡하고 어려워진다.

수출용 원재료에 대한 사전면세제도는 현재 시행은 하고 있지 않으나 법률상 근거는 남아 있다. 관세법 제32조에는 '수출물품을 제조·가공하기 위한 원재료 또는 재정경제부장관이 정하는 바에 의하여 국내에서 외화로 물품이나 이를 제조·가공하기 위한 원재료와 외화를 받는 공사에 供하는 물품은 수입신고수리일부터 1년 이내에 그 수출 또는 판매를 하거나 그 공사에 供할 것을 조건으로 관세를 면제'하도록 규정하고 있는 것이다. 그러나 관세법에 대한 특별법의 위치에 있는 환급특례법이 제정되어 수출용 원재료에 대하여는 환급제도를 적용하도록 함에 따라 관세법상의 사전면세 조항은 死文化된 상태로 남아 있다.

한편, 보세(BOND)란 '외국물품이 관세법에 익해 수입 통관되지 아니한 상태'를 의미한다. 관세법상 보세제도는 보세구역제도와 보세운송제도로 구분된다.

보세구역이란 보세상태의 화물을 반입하여 보관·장치·가공·건설·전시·판매할 수 있도록 한 구역을 말하고, 보세운송이란 보세상태의 화물을 국내에서 운송하는 것을 말한다. 보세구역은 稅關長이 주로 국가 또는 공공의 토지·시설 등의 일정 구역을 지정함으로써 설치하는 지정보세구역과, 민간인이 주로 私人의 토지·시설 등 일정구역에 대하여 특허를 받아 설치하는 특허보세구역으로 구분된다.[53] 보세

60

제도는 관세징수권의 확보, 통관질서의 확립, 세관업무의 효율화 및 수출지원을 주요 목적으로 하여[54] 운영된다. 이 중 수출지원을 主 目的으로 하는 것은 외국으로부터 원재료를 반입하여 보세상태로 제조·가공한 제품을 다시 수출할 수 있도록 한 보세공장과 종합보세구역이다. 종합보세구역은 1998.12 관세법 개정에서 새로 도입된 제도로 보세장치장·보세창고·보세공장 등의 기능을 복합적으로 수행할 수 있도록 한 것이다. 이 제도는 物流관리의 효율화라는 개념을 보세구역운용에 처음으로 적용하고 있는 것으로 주요 공항과 항구의 보세구역에서 물류기능과 생산기능을 동시에 수행할 수 있도록 함으로써 해당 공항 또는 항구가 유럽의 로테르담과 같이 物流據點化[55]할 수 있도록 지원하고자 하는 것이다. 관세법에 의한 것은 아니지만 보세공장과 유사한 제도로 수출자유지역이 있다. 수출자유지역은 수출자유지역설치법에 의하여 1999. 10월 현재 마산과 익산 2곳에 설치되어 있는데, 보세공장과 수출자유지역의 가장 큰 차이점은 수출자유지역에서는 물품의 제조·가공에 供해질 시설·기자재도 보세상태에서 사용할 수 있는 반면 보세공장에는 외국으로부터 도입되는 시설·기자재의 경우 수입에 따른 조세를 납부하는 등 수입 통관절차가 종료된 내국물품상태에서만 반입하여 사용할 수 있다는 데 있다.

보세제도가 수출지원 수단으로서 유효한 것은 외국물품인 원재료가 관세를 비롯한 모든 소비세의 부담이 없는 상태에서 보관·분류·포장·추가적인 가공 등을 통해 부가가치를 향상시켜 수출할 수 있다는

---

53) 지정보세구역에는 지정장치장과 세관검사장이 있고, 특허보세구역에는 보세장치장, 보세창고, 보세공장, 보세전시장, 보세건설장, 보세판매장, 종합보세구역이 있다.
54) 張炳撤, 關稅法, (서울: 무역경영사, 1997), pp.312-313.
55) Vankleef, P. J. A., The role of the Netherlands as Distribution Hub for Northwest Europe, The seminar article(Restructuring the Korean Peninsula for the 21st Century), (1998), pp.163-171.

점에 있다. 특히 수출자유지역 또는 자유지역[56](Free Zone)과 같이 시설·기자재에 대한 소비세까지 면제하게 되면 수출가격에 미치는 긍정적 효과는 더 크게 된다.

보세제도는 국가적 국제물류 관리 전략 측면에서 볼 때 활용의 가치가 더욱 큰데,[57] 특히 한반도의 地政學的 위치를 고려하여 21세기에는 주요 공항과 항만을 동북아의 국제물류중심지로 육성한다는 전략[58] 차원에서 볼 때 보세제도의 의의는 한층 커지게 된다. 徵收猶豫制度란 물품의 수입 시 또는 물품의 국내 거래(반출·출고)와 같이 해당 간접세의 과세시기가 到來하였으나 즉시 조세를 징수하지 아니하고 일정기간을 유예한 후 징수하는 것을 말한다. 이 제도는 조세의 징수시기를 늦춤에 따라 수출기업으로 하여금 자금부담을 완화시킴으로써 수출을 지원하는 것으로 부분적인 사전면세의 성격을 갖는다.

징수유예제도는 1975년 환급특례법의 시행과 함께 그 이전의 면세제도로부터 환급제도로의 전환에 따른 조세부담을 경감시킬 목적으로 수입되는 수출용 원재료에 대한 조세를 2-4개월씩 일률적으로 징수유예하는 것으로 운용하다 1989년 말에 폐지된 바 있다.

징수유예제도의 일종으로 事後精算制度가 있다. 사후정산제도는 환

---

56) Free Zone에 대한 국제협약상 정의는 "一國 내에 있는 지역이지만 이곳에 반입된 물품은 수입관세 및 諸稅에 관한한 일반적으로 관세영역 밖으로 간주되어 통상적인 세관의 통제를 받지 않는 지역"이다. 수출 시에 수입관세, 내국소비세 및 기타 諸稅의 면제나 환급을 받을 수 있는 물품을 이 지역에 반입 시에는 그러한 면제나 환급을 받을 자격이 있는 것으로 본다. International Convention on the Simplification and Harmonization of Customs Procedures(Kyoto Convention) Annex F1. Concerning Free Zone Definition (a).

57) 鄭在完, "물류환경의 변화와 통관업에 대한 시사점", 관세사회보, (1999.4), pp.27-34.

58) Lee K. B. & Kim D. J., Strategies of Developing Northeast Asia Logistics Hub in Korea, The seminar article(Restructuring the Korean Peninsula for the 21st Century), (1998), pp.172-193.

급제도 시행에 따른 금융비용 등 제도운영에 따른 수출기업의 각종 비용부담을 덜어주기 위하여 1996년 환급특례법 改正 시 導入되어 1997. 7부터 시행되고 있는 것으로 수입되는 수출용 원재료에 부과되는 조세의 납부기한을 최저 3개월에서 최장 6개월로 길게 하되, 수출용 원재료의 통관은 먼저 허용하여 조세의 부담 없이 물품을 생산하여 수출하도록 한 다음, 수출에 따른 환급금과 納期가 到來하지 아니한 조세를 相計 처리함으로써 수출용 원재료에 대한 조세의 부담을 제거토록 한 것이다.

징수유예제도를 면세와 비교해 보면 조세의 부담을 낮추어 수출을 지원한다는 측면에서는 유사성이 있지만 지원의 효과가 적은 대신 재정수입은 감소하지 아니하는 장점이 있다.

3. 租稅支援制度의 운용현황

이상의 조세지원제도 분석결과를 정리하면 우리나라의 수출지원 조세제도는 사후면세를 원칙으로 하고 있고, 대상 稅種으로는 원재료 수입 시 징수되는 관세 등과 원재료 수입 및 국내 거래 시 징수되는 부가가치세가 중심이 되고 있다는 것이다. 이러한 조세의 지원현황과 그 의의를 〈표 Ⅱ-16〉으로 보기로 한다.

〈표 Ⅱ-16〉 수출지원을 위한 조세환급 실적[59]

단 위		1990	1991	1992	1993	1994	1995	1996	1997
수출금액(A)	백만 불	65,016	71,870	76,632	82,236	96,013	125,058	129,715	136,164
조세환급액[1] (B)	백만 불	4,934	5,131	4,869	4,620	5,517	7,830	8,174	5,222
	억 원	35,350	39,040	38,391	37,334	43,512	60,695	69,001	73,902
B/A[2]	%	7.59 (2.63)	7.14 (1.76)	6.35 (1.60)	5.62 (1.45)	5.75 (1.28)	6.26 (1.26)	6.30 (1.31)	3.83 (0.83)
수출기업의 순이익률[3]	%	0.62	0.96	1.46	1.92	3.70	5.49	0.86	-0.34

자료: 국세청, "국세통계연보", 관세청, "세관연감", 통계청, "한국주요통계지표",
　　　한국은행, "기업경영분석"(1992-1998 각 년도)으로 연구자가 재구성
1) 조세환급액은 관세와 내국소비세의 합계로 매년말의 기준환율로 US＄로 환산
2) ( )안은 수출금액 대비 관세환급액의 비율이다.
3) 수출기업은 총매출액 중 수출액이 50% 이상인 기업을 의미한다.

〈표 Ⅱ-16〉을 보면 조세환급액의 총 규모는 수출의 증가추세에 따라 지속적으로 증가하고 있으나 수출금액에서 차지하는 비중은 1993년까지는 낮아지고 있지만 그 이후는 다시 점진적으로 상승하고 있다.[60] 환급비중이 이와 같이 변화한 主要因은 수입되는 수출용 원재료에 부과·징수되는 관세율의 변화와 관계가 있는 것으로 분석된다. 같은 기간 환급비중에 영향을 미칠 수 있는 諸 要因 즉, 수출용 원재료의 수입의존도, 수출상품의 구조나 수출단가, 수입되는 수출용 원재료 및 국내 거래 수출용 원재료에 대한 세율 수준, 조세환급의 방법, 수출상품

---

59) 특별소비세, 주세 등의 경우는 환급방법보다는 물품 수출을 위해 出庫 시 免稅, 또는 非課稅함으로서 수출을 지원하는 방법이 주로 활용되고 있는데, 그 실적은 본 통계자료에 포함되지 아니하였다.
60) 1997년에 조세환급 비중이 낮은 것은 달러 환산 시 적용한 年末기준환율이 1,415.2원으로 1996년 말 기준환율 844.2원보다 67.6% 상승한 것이었기 때문이다. 이를 1996년 말 기준환율을 적용하여 달러로 환산하면 1997년의 수출금액 대비 조세환급액 비중은 6.43%(관세환급만은 1.39%)로 1996년에 비해 약간 상승한 수준이 된다.

의 우회생산 정도 등에 있어 관세율 외에는 유의할 만한 변화가 없었기 때문이다.

우리나라의 관세율은 對內的으로는 관세정책 변화 필요성의 대두와 對外的으로는 우루과이 라운드의 영향이라는 변수가 작용하여 다음의 〈표 Ⅱ-17〉과 같이 1988년부터 1994년까지 연차적으로 대폭 인하되었다.

〈표 Ⅱ-17〉 우리나라의 평균관세율변화

단위: %

	1988	1989	1990/1991	1992	1993	1994-1997
전체 산업	18.1	12.7	11.4	10.1	8.9	7.9
농산물	25.2	20.6	19.9	18.5	17.8	16.6
공산품	16.9	11.2	9.7	8.4	7.1	6.2
원 료	10.6	3.9	3.9	3.3	3.2	2.8
중간재	18.7	11.7	10.7	9.3	7.8	7.0
완제품	24.7	13.3	11.2	9.4	7.9	7.1

자료: 재정경제부 내부 자료

〈표 Ⅱ-17〉을 보면 전반적으로 관세율이 인하되었으나 특히 수출용 원재료가 해당하는 원료와 중간재에 대한 관세율의 인하폭이 크다. 1988년을 기준으로 할 때 年次的 관세인하가 완료된 1994년의 경우 원료와 중간재는 각각 73.6%와 62.6%로 평균 68.1%가 인하된 것이다. 이와 같은 관세인하가 수출에 대한 조세환급의 비중을 낮춘 주요인으로 작용한 것이다. 수출지원이라는 측면에서 볼 때 관세인하는 그 인하부분만큼 0의 세율을 적용한 것과 같다.

다음의 第Ⅲ章에서 분석되고 있는 바와 같이 관세인하는 국내 소비를 억제하여 수출을 촉진하는 효과를 발생시키지는 않을 것이나, 환급비용의 문제가 없으므로 수출물품의 가격경쟁력에 미치는 효과는 더 긍정적으로 나타날 것으로 추정된다. 〈표 Ⅱ-16〉을 보면 관세의 대폭적인 인하에도 불구하고 1990년대에 있어서도 조세환급의 절대 규모는 매우 높은 수준이라 아니할 수 없다. 1995년을 예로 보면 조세환급액 60,695억 원은 그해 총 정부세출 508,543억 원의 11.9%에 이르는 수준이다. 조세의 환급은 각 세법에서 豫算總計主義에 대한 예외를 인정하고 있기 때문에[61] 歲入과 歲出을 나타내는 국가 재정수지에 반영되지 아니하는 특징이 있다. 세입이나 세출에 반영되지 않는다는 것은 정치적, 사회적 통제가 그만큼 낮아지게 됨을 의미한다.

조세환급이 수출에 어떠한 의미를 갖는가 하는 것은 조세환급 비중과 수출기업의 純利益率을 비교하면 명확해진다. 〈표 Ⅱ-16〉에서 수출기업의 순이익률은 1990대 前半에는 매년 큰 폭으로 상승하였으나 1996년부터 급격하게 떨어지고 있다. 그러나 어느 경우이건 수출기업의 순이익률은 조세환급률보다 낮다. 이것은 수출지원을 위한 조세제도의 효율적 운용이 그만큼 중요하다는 것을 시사하는 것이기도 하다. 이는 중소기업에 있어 특히 그러하다.

〈표 Ⅱ-16〉에서 1990년대 전반 순이익률이 큰 폭으로 상승하고 있는 것은 대기업이 생산하는 반도체의 특수경기와 밀접한 관련이 있다. 〈표 Ⅱ-16〉의 통계치는 모든 수출기업을 대상으로 하여 산출한 평균적 통계치로, 예를 들어 이 표에서 수출기업의 순이익률이 5.49%로 가장 높았던 1995년의 경우에도 중소제조업의 매출액대비 순이익률은 1.2%, 경공업은 0.51%에 지나지 않았다.[62] 이것은 중소기업에게 조세환급이

---

61) 중앙관서의 장은 예산회계법 제14조의 규정에 의해 따로 법률에 특별한 규정이 없는 한 그 所管에 속하는 수입을 모두 國庫에 納入하여야 하며 이를 직접 사용할 수 없다. 또 同法 제18조에는 支出은 모두 歲出예산에 計上하여야 한다고 규정하고 있는데 이를 예산총계주의 원칙이라 한다. 그러나 환급금의 지급은 예산회계법의 규정에도 불구하고 우리나라은행이 환급금의 지급을 결정한 세관장 또는 세무서장의 소관세입금계정에서 직접 지급한다. 따라서 환급금액은 매 회계연도의 재정수입과 세출예산에 計上되지 아니하는 특징을 보인다.
62) 한국은행, 기업경영분석, (1998), p.105, 521.

수출에 특히 중요한 의미를 가질 수밖에 없다는 것을 단적으로 보여주고 있는 것이다.

수출지원을 위한 조세제도에 있어 중소기업을 위한 제도는 간이정액환급제도가 대표적이고 그 외 절차상 다소간의 지원책이 강구되어 있으나 先조세징수, 수출 後 환급이라는 기본적 패러다임하에서는 환급업무를 처리할 수 있는 전문인력의 부족이 심각한 중소기업은 대기업에 비하여 조세지원제도의 有用性이 떨어질 수밖에 없는 문제점이 있다.

第4節 수출지원에 대한 國際規範상 制約

앞의 3개 節에서 수출을 지원하는 국내외의 각종 제도를 분석하였다. 이와 같은 수출지원은 각국 정부가 자유롭게 정책을 결정하여 시행할 수 있지만 국제규범의 범위 내에서 행해져야 한다는 제약을 받는다.

수출지원의 제약요인이 되는 국제규범으로 대표적인 것이 WTO 협정[63]과 OECD 公的 수출신용가이드라인에 관한 협약(Arrangement on Guidelines for Officially Supported Export Credits)이다. 이하에서 이 두 가지 규범에 규정된 수출지원의 한계에 대하여 분석해 보기로 한다.

1. WTO 規範

1) 補助金協定의 構成과 특징

자유・무차별・공정무역을 원칙으로 하는 GATT 체제하에서도 대부

---

63) WTO 협정의 가입국은 1999.2 현재 총 133개국으로, 중국과 러시아도 가입을 추진 중에 있어 名實相符한 국제 무역의 규범이 되고 있다.

분의 국가가 자국 기업의 국제경쟁력을 높여 수출을 촉진시키기 위한 목적으로 직·간접적으로 수출이나 수출기업을 지원해 왔음은 주지의 사실이다. IMF가 분석한 바에 따르면[64] 저소득국과 重債務國을 제외한 선·후진국 대부분의 국가에서 GDP에 대비한 정부보조금의 비중은 1970년대부터 1980년대 중반까지 지속적으로 증가하다가 그 이후 다소의 감소추세를 보이고 있다.

특정 국가에서 지원 특히 보조금을 받은 물품은 자유무역원칙과는 달리 人爲的으로 수출품의 가격경쟁력을 높여 국제 무역질서를 해칠 가능성이 있게 되고, 보조금을 받아 低價로 수출되는 물품을 수입한 국가에게는 同種 산업에 피해를 줄 수가 있다. 이러한 점을 고려하여 일찍이 1947년의 GATT 규정에도 이를 규제하는 조항이 포함되었다.[65] 하지만 이때의 보조금에 관한 규정은 원칙적인 기준만 설정되어 있어 많은 예외조치가 가능하였고, 강제성 또한 결여되어 규범으로서 실효성에 문제점[66]이 있었다. 이에 따라 1973년 개시된 동경라운드에서는 "보조금 및 상계관세 그룹"을 별도로 설치하고 GATT 조항에 대한 개선이 시도되어 합의된 사항을 GATT 제6조, 제16조 및 제23조의 해석과 적용에 관한 협정(Agreement on Interpretation and Application of Article Ⅵ, ⅩⅥ, ⅩⅩⅢ of GATT)으로 코드화하였다. 그러나 동경라운드에서 체결된 협정은 GATT 체약국 모두에게 강제로 적용되는 것이 아니라 그 협정에 별도로 가입한 국가에게만 적용되는 것이어 지극히 제한적인 의미만 갖는, 실효성이 거의 없는 것이었다.[67] 1995. 1 발효된 세계무역기구

---

64) IMF, Government Subsidies: Concept, International Trends and Reform Option, IMF Working Paper WP95/91, (1995), pp.12-18.
65) GATT 1947 ⅩⅥ, Section A - Subsidies in General, 1 및 GATT 1947 Ⅵ, Anti - dumping and Countervailing Duties, 1-6.
66) Beal, Ivo Van & Jean-Francois, Anti Dumping and other Trade Protection Law of the EEC, (London: CCH Editions Ltd., 1990), p.259.
67) 동경라운드에서 체결된 9개의 MTN 협약은 다음과 같은데 동 협약 가입국은 많은 경우에도 30개국에 이르지 못하였다. ① Technical Barriers to

(World Trade Organization: WTO)협정에는 정부보조금을 받는 물품의 수입으로 큰 피해를 입고 있다고 생각한 미국과 EU 측의 주도로[68] 不公正貿易行爲에 대한 규제의 하나로서 실질적인 구속력을 갖는 보조금 및 상계조치협정(Agreement on subsidies and countervailing measures: 이하 이 절에서 '보조금협정'이라 한다)이 포함되었다.

WTO 협정은 설립협정의 本文과 WTO 가입 시 자동적으로 가입되는 부속서 1, 2, 3으로 구성되는 다자간협정(Multilateral Trade Agreement: MTA), 별도로 가입한 국가에 대하여만 적용되는 부속서 4의 複數國 간 무역협정(Plurilateral Trade Agreement: PTA)으로 구성되어 있다.

보조금협정은 MTA에 속하는 것으로 WTO 체약국들에게 예외 없는 적용의 대상이 되는 협정이다. 이 협정은 本文 11部 32條와 부속서 7개로, 이는 보조금의 정의, 금지보조금, 상계가능보조금, 허용보조금의 범위와 구제조치 등 실체적 사항을 규정하고 있는 제1부 내지 제4부와, 보조금에 대한 상계조치와 관련된 절차적 사항을 규정하고 있는 제5부, 관련기구 및 활동에 대해 규정하고 있는 제6부 및 제7부, 그리고 개발도상국에 관한 경과조치와 분쟁 해결에 관한 규정을 각각 담고 있는 제8부와 제11부의 4개 부분으로 구성된다. 보조금협정은 국제 시장에서 상품의 공정한 경쟁을 보장토록 하는 데 주요한 의의가 있다.

종전의 GATT 규정이나 동경라운드의 관련 협정에 비추어 볼 때 이 협정의 주요한 특징은 다음과 같다.[69]

첫째, 보조금협정은 동경라운드 보조금협정에서처럼 원하는 WTO

Trade, ② Government Procurement, ③ Subsidies, ④ Bovine Meat, ⑤ Dairy Products, ⑥ Customs Valuation, ⑦ Import Licensing Procedures, ⑧ Civil Aircraft, ⑨ Anti-dumping.

68) Baldwin, Robert E. "An Economic Evaluation of the Uruguay Round Agreements", in The World Economy: Global Trade Policy, Sven Arndt & Chris Miller(ed.), (London: Blackwell Publishers Ltd., 1995), p.164.

69) 박노형, "WTO 보조금의 분석", WTO 정부보조금 및 상계관세, 김기수 (편) (연구총서 96-07, 성남: 세종연구소, 1996), pp.56-57.

협정체약국(이하 이 節에서 '회원국'이라 한다)들에 대하여서만 적용되는 것이 아니라, 모든 회원국에 의무적으로 적용된다는 점이다.

둘째, 보조금협정은 보조금협정의 가장 기본적인 개념인 '보조금'과 '심각한 손상'을 처음으로 정의하고 있다는 점이다. 이러한 기본개념이 정의됨으로써 보조금에 관한 규범체계가 보다 분명하게 되며 그만큼 관련 分爭의 여지도 감소하게 된다. 셋째, 보조금협정은 금지보조금인 수출보조금의 개념을 확대하여 사실상의 수출보조금은 물론 수입품 대신에 국산품의 사용을 조건으로 지급되는 수입대체보조금의 사용도 금지하고 있다는 점이다.

넷째, 보조금협정은 관련 분쟁에 신속하고 효과적인 WTO 분쟁해결제도를 적용한다는 점이다. 따라서 종전처럼 被訴國의 태도가 해결의 장애가 될 수 없다.

다섯째, 보조금협정은 각국이 상계조치 관련 법률의 운용을 엄격히 하도록 규정하고 있고, 경제적으로 바람직하지 못한 보조금과 바람직한 보조금, 그리고 사례별(case by case)로 경제적 관점에서 적절히 평가하여야 할 보조금을 분명하게 구분하고 있다.[70]

2) 補助金의 概念과 特定性 문제

수출지원이 WTO 협정이라는 국제규범상의 제약 대상이 될 것인지 여부는 해당 수출지원이 수출 또는 수출기업에 대한 '보조금의 지급'에 해당하는가와 그 보조금이 규제의 대상인지 여부에 달려있다. 따라서 '보조금'의 개념에 대한 정의와 보조금 중 규제 대상이 되는 보조금은 무엇인지를 명확하게 하는 것이 중요하다. 보조금에 대한 규정은 1947년의 GATT에도 있었지만 1970년대 말에 그 개념이 확대되고 명확해지기 시작하였는데[71] 明示的인 정의를 내린 것은 WTO 보조금협정에

---

70) Baldwin, Robert E. *op. cit.*, p.166.

서이다. 보조금협정에는 ① WTO 회원국 영토 내에서 정부 또는 공공기관(이하 이 節에서 '정부'라 한다)의 재정적인 기여가 있는 경우, ② 1994 GATT 제16조에서 규정하고 있는 직, 간접적 상품수출의 증가 또는 수입의 감소 효과를 가지는 소득 또는 가격지원이 존재하고 이로 인한 혜택(benefit)이 주어지는 경우의 두 가지 요건이 갖추어지면 보조금이 존재하는 것으로 보고 있다.[72]

위의 첫째 요건에서의 재정적 기여는 다음과 같은 경우를 의미한다.

ⓐ 정부의 관행이 자금의 직접이전(예를 들어 무상지원, 대출, 지분참여), 잠재적인 자금 또는 채무부담의 직접이전(예를 들어 대출보증)을 수반하는 경우

ⓑ 정부가 받아야 할 세입을 포기하거나 징수하지 아니하는 경우(예를 들어 세액공제와 같은 재정적 유인). 여기에서 국내 소비 년도에 동종 상품에 부과되는 관세 또는 조세를 수출품에 대하여 면제하거나 발생한 금액을 초과하지 아니하는 금액만큼 경감하는 것은 보조금으로 간주하지 아니한다.[73]

ⓒ 정부가 일반적인 사회간접자본 이외의 상품 또는 서비스를 제공하거나 상품을 구매하는 경우

ⓓ 정부가 자금공여 당국에 지불하거나 일반적으로 정부에 귀속되는 위의 ⓐ 내지 ⓒ에 예시된 유형 중 하나 또는 둘 이상을 민간기관으로 하여금 행하도록 위임하거나 지시하며, 이러한 관행이 일반적으로 정부가 행하는 관행과 실질적으로 相異하지 아니한 경우

보조금의 둘째 요건인 혜택에 대하여 보조금협정은 아무런 정의를 하고 있지 아니하나 상계조치의 목적상 소득 또는 가격지원을 받은 혜

---

71) Zampetti, Americo Beviglia *op. cit.*, p.8.
72) WTO, Agreement on Subsidies and Countervailing Measures Article 1, 1.1.
73) GATT 1994, Article 16, WTO, *ibid.*, note 1.

택의 계산을 위해 다음과 같은 지침을 두고 있다.[74]

ⓐ 정부의 지분자본(equity capital)제공은 민간투자가의 일반적인 투자관행과 불일치하지 않는 한 혜택을 부여하는 것으로 간주되지 않는다.

ⓑ 정부에 의한 대출(loan)은 대출을 받는 기업이 시장에서 조달할 수 있는 상업적 借入에 대하여 지불하는 금액과 차이가 없는 한 혜택을 부여하는 것으로 간주되지 않는다. 이 경우 이러한 두 금액 간의 차이가 혜택이 된다.

ⓒ 정부에 의한 대출보증(loan guarantee)은 보증을 받는 기업이 정부가 보증한 대출에 대하여 지불하는 금액과 정부보증이 없었을 경우 상업적 借入에 지불할 금액 간의 차이가 없는 한 혜택을 부여하는 것으로 간주되지 않는다. 이 경우 수수료상의 차이를 조정한 두 금액간의 차이가 혜택이 된다.

ⓓ 정부에 의한 상품 또는 서비스의 제공, 상품의 구매는 이러한 제공이 적절한 수준 이하의 보상을 받고 이루어지거나, 구매가 적절한 수준 이상의 보상에 의해 이루어지지 아니하는 한 혜택을 부여하는 것으로 간주되지 아니한다.

이와 같이 보조금에 대한 정의를 보다 명확하게 한 것은 두 가지 의미[75]를 갖는다. 하나는 보조금에 대한 국제사회에서의 해석상 갈등을 회피하거나 적어도 감소할 수 있게 되었다는 점이고, 다른 하나는 보조금에 관하여 광범위한 개념을 채택하여 恣意的(imaginative)으로 해석하여 온 국가들의 행동범위를 제한하게 되었다는 점이다.

그런데 이러한 정의에 해당하는 보조금이라 하더라도 그것이 모두 보조금협정에 의해 사용이 규제되는 것은 아니다. 어디까지나 特定性

---

74) WTO, *ibid.*, Article 14.
75) Bourgeois, Jacques H. J., Subsidies and International Trade, (New York: Kluwer Law and Taxation Publishers, 1991), p.69.

(Specificity)이 있는 경우에 한하여 대응조치라는 규제를 받게 되는 것이다.[76] 여기서 특정성의 판단은 다소 복잡한 문제로 供與기관이 특정 조치의 受惠 범위를 제한하고 있는지와 관련된다. 예를 들어 보조금의 지급을 법률상 또는 사실상 관할 지역 내에 있는 기업이나 산업 또는 기업군이나 산업군에 대하여 명백히 제한을 하면 특정성이 있는 것으로 본다.

以上의 보조금과 보조금의 특정성에 대한 개념 정의를 통하여 조세상의 수출지원제도에 대한 WTO 규범상의 한계가 어느 정도 분명해진다. 수출촉진을 위한 조세지원제도의 경우 이미 부과·징수한 금액 범위 내의 면세 등은 보조금으로 분류되지 아니하지만 그 금액을 초과하는 금액은 보조금으로 분류되어 制裁의 대상이 되는 것이다.

3) 補助金의 種類와 活用上 한계

보조금협정은 보조금이 무역에 미치는 효과와 특정성을 기준으로 금지보조금(prohibited subsidies), 조치가능보조금(actionable subsidies), 허용보조금(non -actionable subsidies)으로 보조금의 유형을 세분화하여 규정하고 있다.

각 보조금의 범위와 의의를 보기로 한다.

먼저, 금지보조금은 수출입에 직접 영향을 미치고 무역 왜곡효과가 큰 보조금으로서 법률상 또는 사실상 수출성과에 따라 제공되는 수출보조금과 수입물품 대신 국내 물품의 사용을 촉진하기 위해 제공되는 수입대체보조금이 이에 해당한다. 이러한 보조금은 지급이 금지된다. 보조금협정상 금지보조금으로 例示되어 있는 수출보조금은 〈표 Ⅱ-18〉과 같다.[77]

---

76) WTO, *op. cit.*, article 2.1.
77) WTO, *ibid.* Annex 1.

<표 Ⅱ-18〉禁止對象이 되는 輸出補助金

	내 용
1	수출실적에 따라 정부가 기업 또는 산업에 제공하는 직접보조금
2	수출상여금을 포함하는 외화보유제도 또는 이와 유사한 관행
3	국내 선적분보다 유리한 조건으로 제공되는 수출물품에 대한 국내 수송 및 운임
4	국내 소비물품의 생산보다 유리한 조건으로 수입품, 국산물품 및 서비스를 직·간접적으로 수출물품 생산에 제공하는 것
5	기업이 납부해야 할 직접세나 사회보장 부담금을 명시적으로 수출과 관련하여 완전 또는 부분적으로 면제, 경감, 또는 유예하는 것
6	직접세의 과세표준 산정 시 국내 소비용 물품 생산과 관련하여 부여되는 정도 이상으로 수출과 관련하여 특별공제를 허용하는 것
7	국내 소비를 위해 판매되는 同種 상품의 생산·유통과 관련하여 부과되는 간접세를 초과하는 간접세의 면제 또는 경감
8	국내 소비용 물품의 생산을 위해 사용되는 재화와 용역에 부과되는 前 段階 누적 간접세의 면제, 경감 또는 유예의 규모를 초과하여 간접세를 면제, 경감, 또는 유예하는 것
9	수출상품의 생산에 소비된 수입 투입요소에 부과된 수입과징금을 초과하는 수입과징금의 경감 또는 환급
10	정부가 수출신용보증 또는 보험계획, 수출품의 비용증가에 대비한 보험 또는 보증계획, 煥리스크 보증계획을 이러한 계획의 장기적인 운영비용 또는 손실을 보전하기에 부적절한 우대금리로 제공하는 것
11	정부가 조달비용보다 낮은 금리로 수출신용을 供與하거나, 수출기업 자금조달 비용의 일부 또는 전부를 덜어주거나, 금융기관이 수출신용에 사용할 자금을 조달하기 위해 부담해야 하는 비용의 일부 또는 전부를 대신 지불하는 것
12	보조금협정상 수출보조금을 구성하는 그 밖의 公共計定에 의한 부담

자료: WTO 보조금협정을 참고하여 연구자가 작성

〈표 Ⅱ-18〉에서 연번 5의 조세의 輕減(remission)에는 조세의 還拂 (refund)과 割引(rebate)이 포함된다. 또한 경감과 환급(drawback)에는 관세, 내국소비세, 기타 재정적 과징금으로서 수입 시 부과되는 수입과징 금의 완전 또는 부분적인 면제 또는 유예를 포함한다.[78] 연번 5와 6은

---

78) WTO, *ibid.*, Annex 1. note 58.

직접세의 전체 또는 일부를 수출과 관련하여서는 면제할 수 없다는 것을 예시하고 있다. 연번 8에서 10은 간접세에 의한 수출지원의 한계를 예시하고 있다. 즉, 앞서 보조금협정 第1條에서는 원재료의 수입 또는 국내 거래단계에서 징수한 간접세가 그 징수된 금액의 범위 내에서 경감, 면제, 유예, 환급되는 것은 보조금협정상의 규제대상이 보조금으로 간주하지 아니한다고 하였는데, 여기에서는 그 범위를 벗어나는 것은 금지보조금이 된다는 것을 예시로서 보여주고 있는 것이다. 연번 8에서 수출품의 생산에 소비된 투입 요소에 前 段階 누적간접세가 부과되는 경우에는 국내 소비를 위해 판매된 同種 상품에 대하여 前 段階 누적간접세가 면제, 경감, 또는 유예되지 아니하는 경우에도 수출품에 대해서는 면제, 경감, 또는 유예될 수 있고, 연번 9에서 특수한 경우 기업은 수입 투입요소 대신에 그와 동질의 국내 시장 투입요소를 대체품으로 일정량 사용하는 경우에도 수입과 그에 상응하는 수출이 2년을 넘지 않는 합리적인 기간 내에 이루어지면 경감 또는 환급을 인정하고 있다.

한편, 수입대체보조금은 유일한 또는 다른 여러 가지 조건 중의 하나로서 수입물품 대신 국내 물품을 사용하는 경우에 공여되는 보조금이다. 즉, 국산품의 사용 의무를 부과하거나, 국산품 사용을 촉진하거나, 또는 수입대체 등을 조건으로 보조금을 제공하면 수입대체 보조금이 된다.

상계조치가능보조금은 보조금의 지급자체는 용인되지만 그러한 보조금의 지급으로 타국 국내 산업에 피해를 주거나 또는 타국 이익에 '심각'한 손상을 초래하는 즉, 간접적이지만 심각한 무역왜곡효과를 초래하는 보조금이다. 이들 상계조치가능보조금은 그 부정적 효과가 증명되면 WTO 분쟁해결절차나 국내 상계관세절차에 의하여 제재를 받는다.

마지막으로 허용이 되는 보조금을 정리하면 〈표 Ⅱ-19〉와 같다.79) 허용보조금은 두 종류로, 하나는 特定性이 없기 때문에 일반적으로 이

---

79) WTO, *ibid.*, Article 8.1-8.5.

용 가능한 보조금이고, 다른 하나는 특정성이 있을지라도 일정한 조건
을 충족하는 경우에 허용되는 보조금이다. 그러나 이와 같은 보조금은
상황에 따라 특히 선진국들이 많이 활용하고 있는 연구 활동(R&D)지
원비의 경우 그 범위가 뚜렷하지 아니하다는 지적[80]을 받고 있다.

〈표 Ⅱ-19〉 特定性있는 補助金 중 許容補助金과 그 條件

종류		조　　　건
연구활동지원비	구동원	① 人力비용(연구원, 기술자 및 연구 활동만을 위해서 고용된 다른 지원직원) ② 상업적으로 처분되는 경우를 제외하고 全的으로 그리고 영구적으로 연구 활동을 위해 사용되는 장치, 설비, 토지 및 건물들의 비용 ③ 구입된 연구, 기술지식, 특허권 등을 포함하여 연구 활동만을 위해서 이용되는 자문 및 이에 상응한 서비스의 비용 ④ 연구 활동의 결과로서 직접적으로 발생하는 추가 경상비용 ⑤ 연구 활동 결과 직접적으로 발생하는 다른 운영비용
낙후지역지원비		① 경제적, 행정적 실체를 가진 명백하게 지정된 인접한 지리적 지역일 것 ② 동 지역의 어려움이 일시적인 상황 이상으로부터 발생되었음이 객관적 기준에 의해 검증될 수 있을 것 ③ 객관적 기준은 당해국의 소득 또는 실업률을 기초하여 3년의 기간에 걸쳐 측정한 경제발전 측정치를 포함할 것
환경적응지원비		① 일회적이고 비반복적인 조치일 것 ② 적응비용의 20% 이내로 한정될 것 ③ 지원대상 투자의 대체 또는 운영비용 보전이 아닐 것 ④ 기업의 공해 및 오염의 감축계획에 직접적으로 연계되고 그에 비례하며, 달성될 수 있는 제조비용의 절감을 보전하지 않을 것 ⑤ 새로운 설비 또는 생산공정을 재벽할 수 있는 모든 기입이 이용 기능할 것

자료: WTO 보조금협정을 참고하여 연구자가 작성

　금지 또는 상계조치 가능 보조금을 받은 물품의 수입으로 국내 산업
이 실질적인 피해를 입거나 입을 우려가 있을 때 각국은 국내법의 규

---

80) Kleinfeld, George & David Kaye, "Red Light, Green Light?: The 1994 Agreement on Subsidies and Countervailing Measures, Research and Development Assistance, and U.S. Policy", Journal of World Trade, Vol.28 No.6, (1994), pp.43-63.

정에 따라 상계관세를 부과할 수 있다.[81] 만일 허용보조금을 받은 물품의 수입으로 심각한 피해를 입을 경우 피해국은 WTO의 보조금 상계조치위원회(Committee on Subsidies and Countervailing Measures)에 提訴할 수 있고, 위원회가 피해를 인정하면 보조금을 供與한 수출국에 보조금 지급의 중단을 권유한다. 만일 이 권유가 수용되지 아니 하면 위원회는 피해국에 적절한 상계조치를 할 수 있는 권한을 부여한다.

2. OECD 規範

수출지원제도와 관련하여 제약요인이 되는 OECD의 규범은 재화 및 용역의 수출과 관련하여 公的으로 지원되는 수출금융에 대한 규제를 담고 있는 公的 수출신용가이드라인에 관한 협약(이하 이 節에서 'OECD 가이드라인'이라 한다)이다. 이 협약은 公的 수출신용의 질서 확립을 목적으로 1978. 4월 출범하였으며 수출신용뿐 아니라 무역과 원조를 연계시키는 타이드 원조(tied aid)[82]가 초래하는 무역질서 왜곡을 제거하여 공정한 무역환경을 정착시키는 것을 기본이념으로 한다. 그러나 WTO 보조금협정과는 달리 참가국들에 대하여 법적 구속력을 갖는 것은 아니고 참가국 간 합의에 의해 이루어 진 '신사협정'의 성격을 가진다.

OECD 가이드라인은 公的으로 지원되는 상환기간 2년 이상의 수출신용에 적용되는데 공적지원에는 직접대출(direct credit/financing), 리파이낸싱(refinancing), 금리차 지원(interest rate support), 원조자금(신용 및 贈與), 수출신용보험, 그리고 보증이 포함된다. 이와 같은 공적 지원으로 인해 혜택을 누리는 수출신용에 대해 신용기산점 이전에 지

---

81) Baldwin, Robert E. *op. cit.*, p.165.
82) 타이드 원조란 借款, 贈與 또는 양허성 수준이 0%를 초과하는 혼합금융패키지로서 이 자금에 의한 재화와 용역의 구매가 법적 또는 사실상 자금 供與國 또는 한정된 수의 국가들로 제한되는 것을 말한다.

급되는 최저 선수금, 최장 상환기간, 최저이자율, 그리고 최저 기준프리미엄에 대하여 제한을 둠으로써 가장 유리한 公的 지원조건에 의해서가 아니라 수출되는 재화 및 용역의 품질과 가격에 기초하여 OECD 회원국 수출자 간 경쟁을 촉진토록 한다는 것이 이 협약의 취지이다.

OECD 가이드라인은 상환기간 2년 이상의 중·장기 수출신용에만 적용된다. 따라서 2년 미만의 보조금 요소가 있는 수출신용거래와 OECD 가이드라인에 附合되지 않는 수출신용은 〈표 Ⅱ-18〉의 연번 11에서 열거된 바대로 WTO 보조금협정 부속서 1의 금지대상 수출보조금으로서 보조금협정의 규제 대상이다.

한편, 군수장비와 농산품은 OECD 가이드라인의 적용을 받지 않고 선박과 핵발전플랜트, 항공기도 특별 가이드라인을 적용한다. 현행 OECD 가이드라인은 다음의 〈표 Ⅱ-20〉과 같다.

〈표 Ⅱ-20〉 公的 輸出信用에 대한 OECD 가이드라인

	가이드라인	근거조항
최저선수금	公的 지원을 받는 재화 및 용역의 구매자가 최소한 수출계약금의 15%를 신용기산점 이전에 현금으로 지급하도록 하여야 함	article 7
최저상환기간	세계은행 융자 수혜 졸업국: 5년 (사전통보 시는 8년) 기타 국가: 10년	article 10
최저이자율	상업참고금리(CIRRs)를 최저 이자율로 적용하여야 함	article 15
최저프리미엄	公的 지원을 제공함에 있어 수입자/借主에 대해 정부신용 위험 및 국가 신용위험에 대해 최저 기준프리미엄 이상을 부과해야 함	article 20

자료: OECD 가이드라인을 참고하여 연구자가 작성

〈표 Ⅱ-20〉에서 선수금에 대한 公的 지원을 통한 신용기산점 이전의 위험에 대하여는 보험 및 보증(즉, 순수담보)의 형태로만 가능하다. 최장 상환기간의 확정에 있어 세계은행 융자 수혜 졸업국은 세계은행이

매년 발표하고 있다. 협약 참여국은 직접대출, 리파이낸싱 또는 금리의 차등을 통해 공적 금융지원을 할 때 상업참고금리(CIRRs: Commercial Interest Reference Rates)를 최저이자율로 적용하여야 한다. CIRRs은 다음과 같은 원칙에 따라 설정된 이자율이다.[83]

① 당해 통화국 국내 시장에서 최종적인 상업대출금리를 대표하여야 한다. ② 국내 일류 借入者에게 적용되는 이자율에 근접하여야 한다. ③ 가능하다면 5년 이상의 고정금리부 자금의 조달비용에 기초하여야 한다. ④ 국내 시장의 경쟁조건을 왜곡시키는 수준이어서는 아니 된다. ⑤ 해외 일류 차입자에게 적용되는 이자율에 근접하여야 한다.

앞서 第1節의 〈표 Ⅱ-2〉에서 주요 선진국들이 대부분 수출금융을 수출지원수단으로 적극 활용하고 있음을 보았는데 이들 국가들은 모두 CIRRs를 최저이자율로 적용하고 있다. 최저 프리미엄의 결정에 있어 정부 신용위험이란 재무부 또는 중앙은행과 같은 국가 신용으로 최종 지급책임을 지는 경우이고, 국가 신용위험이란 어느 국가가 대외채무를 상환할 수 있는지 여부를 평가한 것이다.

OECD 가이드라인에 의한 제약은 WTO 보조금협정상 수출신용에 대한 제약과 보완적인 관계에 있다. 보조금협정[84]에서는 1979년 1월 1일 현재 적어도 12개 이상의 보조금협정 회원국이 당사자인 공적수출신용에 관한 국제약속의 당사자인 경우, 또는 특정회원국이 사실상 관련 약속의 이자율 규정을 적용하는 경우 이와 같은 규정에 합치하는 수출신용 관행은 보조금협정이 금지하는 수출보조금으로 간주하지 아니한다고 규정하여 이 부문에 관한 규제는 사실상 OECD에 一任하고 있다.

---

83) OECD, Arrangement on Guidelines for Officially Supported Export Credits. article 15.
84) WTO, *loc. cit.*, Annex 1(k).

第Ⅲ章 輸出入物品에 대한 免稅效果의 이론적 분석

第1節 물품수입 시의 조세징수 효과분석

이 章에서는 수출지원을 목적으로 행하여지는 수출입물품에 대한 조세면제의 효과를 이론적으로 규명해 보기로 한다. 먼저 이 節에서는 一般經濟理論의 部分均衡의 분석도구를 이용하여 小國[85]에 있어 수입물품에 대한 관세와 내국소비세 징수가 수출입 및 국내 생산에 미치는 경제적 효과를 고찰한다.[86] 수입물품에 대해 징수되는 조세를 관세와 내국소비세로 구분하여 분석하는 것은 이들 조세가 생산, 소비, 그리고 수출에 미치는 효과가 다르기 때문이다. 수출물품에 대한 조세면제의 효과 분석에 앞서 원재료 수입 시 조세징수의 경제적 효과를 따로 분석의 대상으로 삼은 이유는 수입물품에 대한 조세의 징수는 기본적으로 산업정책적 목적 또는 재정수입을 목적으로 행해지는 것이고, 수출

---

[85] 국제경제이론에서 小國이란 세계시장에서 차지하는 비중이 낮아 세계시장 가격을 수용해야 하는 국가(price-taker)를, 大國이란 시장가격을 임의로 조정할 정도로 시장지배력을 가진 규모가 큰 국가(price-setter)를 의미한다. 우리나라의 경우 반도체 등 극히 일부 품목을 제외하고는 대체로 小國 가정이 합당할 것이다.

[86] 本 부분균형분석은 국제무역의 일반적 假定 즉 ① 부과되는 조세는 종가세이다. ② 조세는 국내 소비자로부터 징수되며 轉嫁되지 않는다. ③ 수입 금지적 조세(prohibitive tax)가 아니다. ④ 재정수입이 된 조세는 지출되지 않는다. ⑤ 조세가 징수되는 상품은 독립재이며 다른 상품에 대한 파급 효과는 없다. ⑥ 완제품 생산에 소요되는 수입원재료의 투입계수는 일정하다는 諸 假定하에서 이루어진다.

에 따른 면제는 이러한 기본 정책에 보조적으로 이루어지는 것이기 때문에 각각의 경우에 대한 효과를 보다 분명하게 분석하기 위함이다.

수출입 재화는 세 가지로 구분할 수 있다. 즉, 국내에서 생산되지만 비교열위에 있기 때문에 수입에도 의존하는 경우의 수입가능재와, 一國이 비교우위를 갖추고 있어 국내 생산품 중 국내 소비를 제외한 잔여분이 수출되는 경우의 수출가능재, 그리고 수출입과는 무관하게 국내에서 생산, 소비되는 비교역재이다.

우리나라의 경우 원유, 고무 등 일부의 품목을 제외한 대부분의 상품이 수입가능재 또는 수출가능재에 속하므로 여기서는 연구의 범위를 고려하여 이러한 재화를 분석대상으로 하고, 비교역재는 제외하기로 한다.

1. 關稅徵收의 효과

[그림 Ⅲ-1]은 원재료 및 완제품 수입 시 관세징수의 효과를 보여주고 있다. 小國의 假定에 따라 GG_1은 원재료의 국제 공급곡선, SS_1은 완제품의 국제 공급곡선이다. 따라서 자유무역하에서 두 생산물의 가격은 각각 OG와 OS가 되고, 완제품의 부가가치는 GS, 완제품의 명목적인 가격은 OS가 된다. 여기에서 완제품에만 ST의 관세를 징수한다고 하면 완제품의 가격은 OT로 상승하고 완제품의 부가가치도 GS에서 GT로 증가한다. 만일 원재료에만 GF의 관세를 징수한다고 하면 원재료의 가격은 OF가 되므로 완제품의 부가가치는 GS에서 FS로 감소한다.

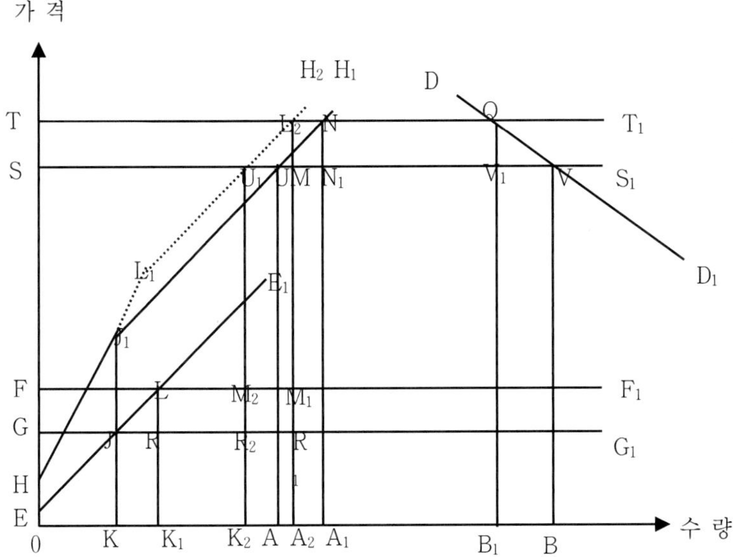

자료: 부분균형분석이론을 참고하여 연구자가 작성

[그림 Ⅲ-1] 수입물품에 대한 관세징수의 효과

또 완제품에는 ST의 관세를, 원재료에는 GF의 관세를 징수한다고
하면 완제품의 名目가격은 OT가 되고 원재료의 가격은 OF, 부가가치
는 FT가 된다.

여기서 국산완제품 공급곡선을 HH₁, 수요곡선을 DD₁, 국산 원재료의
공급곡선을 EE₁이라 할 때, 완제품 공급곡선 HH₁은 직선이 될 수 없
다. HH₁은 완제품 생산자가 직면하게 되는 원재료의 공급곡선과 그림
에는 나타나 있지 않지만 완제품 부가가치 생산물의 공급곡선을 수직
적으로 합한 것으로 완제품 생산자가 직면하게 되는 원재료의 공급곡
선은 OK까지는 국산품에, OK 이상의 원재료는 수입에 의존하므로
EJG₁의 곡선이며 OK 이상의 원재료를 쓸 때에도 가격은 국제 공급가
격 OG로 일정하게 수입할 수 있기 때문에 완제품의 국내 공급곡선

즉, 완제품 1단위를 생산하는 데 드는 비용도 OK 이상으로 생산할 때에는 그 증가율이 낮아지게 되어 완제품의 공급곡선은 OK만큼 생산하는 J_1에서 꺾이기 시작하는 것이다.

假定에 의하여 원재료의 소요량 즉, 投入係數가 일정하므로(이는 원재료에 대한 수요의 탄력성이 0임을 의미한다) 원료에 대한 수요곡선은 종축과 평행하게 그려지는데, 완전한 자유무역하에서 원재료의 수요곡선은 AU이다. 그러므로 원재료의 총공급량은 OA이고 이 중 국산원재료의 공급량은 OK, 수입원재료의 공급량은 KA이다. 완제품의 경우 국내 총 수요량은 OB이고 이 중 OA는 국내 생산에 의해, AB는 수입으로 충당된다.

이제 관세징수에 따른 효과를 보기로 한다.

먼저, 완제품에 대하여 ST의 관세가 징수되면 완제품의 국내 공급은 OA에서 OA_1으로 AA_1만큼 늘어나고 소비는 OB에서 OB_1으로 BB_1만큼 감소한다. 한편 완제품에 대한 국내 생산 증가로 원재료의 수요량도 OA에서 OA_1으로 AA_1만큼 증가한다. 그러나 완제품의 국내 생산증가에도 불구하고 국산 원재료의 사용량은 OK로 고정되어 있으며 늘어난 원재료의 수요량 AA_1은 전량 수입원재료로 충당된다. [그림 Ⅲ-1]에서는 국산 원재료의 공급량이 OK로 국내 수요의 일부를 충족시키는 데 불과한 것으로 나타나 있으나, 만일 공급량이 OA와 같이 일정 규모 이상으로 많다면 완제품에 대한 관세부과로 인한 완제품의 국내 생산증가는 국산 원재료의 사용량 증가를 가져올 수 있을 것이다. 수입원재료에 대하여 GF의 관세가 징수되면 이는 Panagariya가 지적한 바와 같이[87] 생산세(production tax)의 성격을 가지므로 원재료의 국내 공급가격은 OG에서 OF로 상승하고, 이는 곧 완제품 생산원가에 반영되어 완제품의 국내 공급곡선을 좌측으로 HL_1H_2와 같이 이동시킨다. 완제품의

---

87) Panagariya, Arvind, *op. cit.*, p.9.

공급곡선 이동으로 완제품의 국내 공급도 OK_2가 되어 자유무역에 비하여 AK_2의 생산 감소가 일어나는데 수요량에는 변화가 없으므로 완제품의 수입량은 AB에서 K_2B로 AK_2로 증가한다. 그런데 완제품의 국내 생산 감소에도 불구하고 원재료의 국내 생산은 OK에서 OK_1으로 증가하고, 원재료의 수입은 원재료 국산 대체로 인한 부분 KK_1과 완제품 생산 감소로 인한 부분 AK_2만큼 감소한다. 한편 원재료와 완제품에 각각 GF, ST의 관세를 동시에 징수하면 완제품의 국내 생산은 OA_2로 AA_2 증가, 완제품의 소비는 BB_1 감소, 원재료의 국내 생산은 KK_1증가, 그리고 원재료의 수입은 KK_1-AA_2가 감소하게 된다.[88] 아울러 원재료 부분에서 LM_1R_1R, 완제품 부분에서 L_2QV_1M의 재정수입이 발생한다. 국내 완제품 공급이 AA_2만큼 증가한 것은 완제품에 대한 관세 ST가 원재료에 대한 관세 GF보다 커서 완제품 생산에서의 부가가치가 증가했기 때문이다. 만일 완제품에 대한 관세 ST가 원재료에 대한 관세 GF보다 적다면 완제품 생산에 따른 부가가치는 負(一)가 되어 원재료의 국내 생산량은 관세징수로 증가하겠지만 완제품의 생산은 감소하는 것으로 나타난다. 이에 따라 완제품의 국내 생산은 줄어들고 완제품 생산 감소에 따라 원재료의 수입량도 감소한다. 그러나 완제품 수요에는 변화가 없으므로 완제품의 수입량은 증가한다.

이제 관세징수가 초래하는 후생효과를 보기로 한다. [그림 Ⅲ-1]에서 완제품과 원재료에 대한 관세징수로 정부는 각각 L_2QV_1M과 LM_1R_1R만큼의 재정수입을 얻고 완제품 생산자에게는 TL_2U_1S, 원재료 생산자에게는 FLJG만큼의 생산자 잉여가 증가한다.[89] 이와 같은 재정수입과 생산

---

88) 원재료 수입량의 변화는 완제품과 원재료에 대한 관세율 수준과 완제품 및 원재료의 국내 공급곡선의 탄력성 정도에 따라 결정되므로 수입이 증가할 수도 있고, 감소할 수도 있으나 여기서는 그림에 따라 감소하는 것으로 본 것이다.

89) 생산자 잉여는 생산자가 실제로 받은 가격과 받으려고 한 가격과의 차이로서 [그림 Ⅲ-1]에서 공급곡선과 縱軸의 시장가격선 사이에 위치하는 면

84

자 잉여의 증가는 소비자 잉여의 감소 즉 TQVS와 FM₁R₁G의 소비자
잉여가 정부와 생산자에게 再分配된 결과이다. 그러나 소비자 잉여 중에
는 생산비용과 소비비용으로 사라지는 부분이 발생한다. L₂MU₁과 LRJ
부분은 수입가격을 초과하는 한계생산비(=공급곡선) 때문에 발생하는
純損失인 생산비용(production cost)을 나타내고, QVV₁은 소비를 B에
서 B₁으로 줄임으로써 발생하는 소비자 잉여의 순손실인 소비비용
(consumption cost)을 의미한다. 따라서 삼각형 L₂MU₁과 QVV₁ 그리고
LRJ는 관세징수로 인해 사회전체가 감수해야 하는 순손실을 의미한
다.[90] 관세징수는 관세부과국의 후생을 증가시킬 수 있지만 교역대상국
들이 다같이 관세율 수준을 높이게 되면 결과적으로 후생은 감소하는 결
과로 귀착된다.[91] 이상의 논의를 정리하면 〈표 Ⅲ-1〉과 같다.

적으로 나타나 있고, 소비자 잉여는 소비자가 지불할 용의가 있는 가격과
실제로 지불한 가격과의 차이로서 同 그림에서 需要곡선과 縱軸의 시장가
격선 사이에 위치하는 면적으로 나타나 있다. 그런데 이 分析에서는 원재
료와 완제품의 생산자를 주 분석대상으로 다루고 있으므로 원재료의 소비
자는 또한 완제품의 생산자이기도 하다.

90) 생산비용과 소비비용을 합하여 효율비용(efficiency cost)라 한다.
Bowen, Harry P., Abraham Hollander, & Jean M. Viaene, Applied
International Trade Analysis, (London: Macmillan Press Ltd., 1998),
p.163.

91) Brander, James A. and Barbara J. Spencer, "Tariff Protection and
Imperfect Competition", in Imperfect Competition and International
Trade, Gene M. Grossman(ed.), (Cambridge, MA.: Massachusetts
Institute of Technology Press, 1994), pp.116-117.

〈표 Ⅲ-1〉 수입물품에 대한 관세징수의 효과[92]

	국내 생산		국내 소비		수　입		재정수입	
	완제품	원재료	완제품	원재료	완제품	원재료	완제품	원재료
완제품에서 징수	증 가 (AA_1)	불 변 (OK)	감 소 (BB_1)	증 가 (AA_1)	감 소 (BB_1)	증 가 (AA_1)	발 생 (NQV_1N_1)	없 음
원재료에서 징수	감 소 (AK_2)	증 가 (KK_1)	불 변 (OB)	감 소 (AK_2)	증 가 (AK_2)	감 소 (KK_1+AK_2)	없 음	발 생 (LM_2R_2R)
완제품과 원재료에서 징수	증 가 (AA_2)	증 가 (KK_1)	감 소 (BB_1)	증 가 (AA_2)	감 소 (BB_1)	감 소 (KK_1-AA_2)	발 생 (L_2QV_1M)	발 생 (LM_1R_1R)

자료: 설명내용을 정리하여 연구자가 작성

2. 內國消費稅 徵收의 효과

내국소비세는 수입물품뿐 아니라 동종 물품이 국내에서 생산되어 소비될 때에도 수입물품에 대한 것과 동일하게 징수되기 때문에 관세를 징수하였을 때와는 그 효과가 다르다. [그림 Ⅲ-2]는 내국소비세 징수의 효과를 나타낸 것이다. 이 그림에서 제반 假定은 앞서 관세징수의 경우와 동일하다.

[그림 Ⅲ-2]에서 GG_1은 원재료의 국제 공급곡선, SS_1은 완제품의 국제 공급공선이다. 따라서 자유무역하에서 두 생산물의 가격은 각각 OG와 OS가 되고 완제품의 부가가치는 GS, 완제품의 명목가격은 OS이다. 이제 국산 완제품의 공급곡선 HH_1과 국내 수요곡선 DD_1, 그리고 국산 원재료의 공급곡선 E_1을 導入하면 원재료의 수요곡선은 AU가 된

---

92) 이상에서 관세징수가 주는 생산(보호)효과, 소비효과, 재정수입효과, 소득재분배효과를 다루었으나 그 외에도 국내 생산증가와 관련한 소득효과, 고용효과가 발생하고, 수입의 감소와 관련한 국제수지효과, 교역조건효과 등도 나타나지만 본 연구목적과는 거리가 있으므로 분석을 생략하였다.

86

다. 여기에서 HH_1이 직선이 될 수 없는 이유는 앞서 관세부과의 경우와 동일하다.

이와 같은 상황에서 완제품의 국내 총 수요량은 OB이고 이 중 OA는 국내 생산에 의해, 그리고 AB는 수입으로 충당되는데, 이때 국산 원재료의 공급량은 OK, 수입원재료의 공급량은 KA이다.

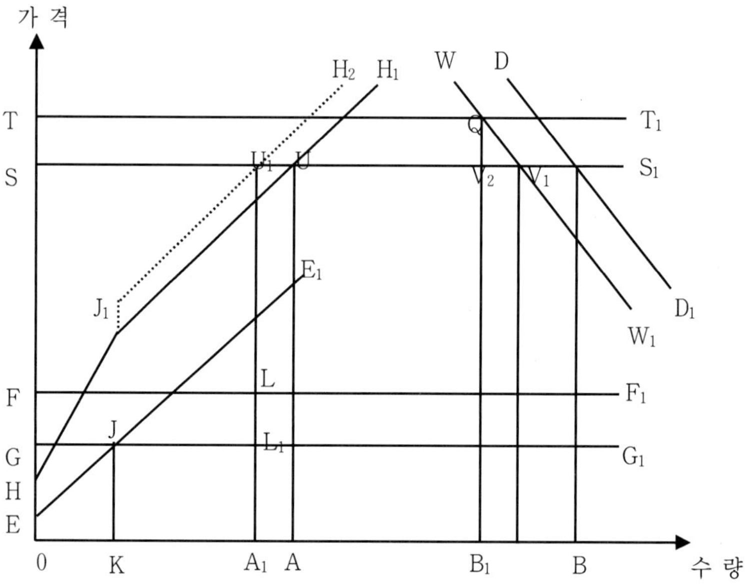

자료: 부분균형분석이론을 참고하여 연구자가 작성

[그림 Ⅲ-2] 수입물품에 대한 내국소비세 징수의 효과

이제 내국소비세 징수에 따른 효과를 보기로 한다. 먼저 완제품에 대하여 ST의 내국소비세가 징수되면 완제품의 국내가격은 OS에서 OT로 상승한다. 그러나 내국소비세 징수에 따라 국내 공급물품의 가격은 상승하였지만 생산자로서는 실제 收入에 변화가 없으므로 생산에

있어서 관세징수 때와 같은 보호효과는 발생하지 않는다. 대신 징수된 소비세 ST만큼 수요곡선 DD_1이 좌측으로 이동하여 WW_1으로 된다. 이에 따라 국내 소비는 OB에서 OB_1으로 BB_1만큼 감소하게 되며 이러한 소비의 감소는 수입량의 감소로 직결된다. 한편 완제품에 대한 소비세의 징수가 완제품의 국내 생산에는 아무런 영향을 미치지 아니하므로 국산 원재료의 생산이나 원재료의 수입량에는 변화가 없고 정부는 TQV_2S의 재정수입을 얻는다.

　이번에는 원재료에 대하여 GF의 내국소비세를 징수하는 경우를 본다. 내국소비세는 소비자에 의한 완제품의 소비를 전제로 하여 징수되는 것이고 생산자가 상품생산에 투입하는 원재료에는 징수될 성질의 것이 아니다. 그러나 부가가치세의 경우는 원재료 또는 완제품을 불문하고 재화가 공급될 때 징수되기 때문에 원재료에도 내국소비세가 징수된다.[93] 원재료에 내국소비세가 징수되면 원재료의 국내가격은 OG에서 OF로 상승한다. 이러한 원재료 가격의 상승은 완제품의 생산원가로 반영되어 완제품의 공급가격을 높이므로 완제품의 국내 공급곡선을 HH_2와 같이 좌측으로 이동시킨다. 완제품의 공급곡선이 좌측으로 이동한다는 것은 완제품의 국내 생산이 OA에서 OA_1으로 AA_1만큼 감소한다는 것과 그만큼 완제품의 수입이 증가하여 FLL_1G의 재정수입이 발생한다는 것을 의미한다. 생산량 감소에 따라 원재료의 수요곡선도 AU에서 A_1U_1으로 좌측 이동하여 전체 원재료의 수요량도 감소하는데 이와 같은 원재료 수요량의 감소는 모두 수입원재료 부분에서 발생한다. 만일 국산 원재료의 공급량이 [그림 Ⅲ-2]와 달리 OA_1과 같이 일정 규모 이상이라면 원재료 수요량의 감소는 국산 원재료의 공급 감소

93）다만 부가가치세는 賣出税額－買入税額으로서 算出하여 납부하거나 환급하기 때문에 이론상 부가가치 부분에 대하여만 조세 부담이 일어난다. 수출에 대하여는 零税率이 적용되어 원재료 조달과정에서 징수된 조세는 전액 還給되지만 징수에서 환급까지의 기간만큼 금융비용 등 환급비용이 발생하는데 이러한 환급비용만큼의 조세가 징수되는 것과 동일하다.

로 나타날 수 있고, 경우에 따라서는 수입원재료가 국산 원재료로 대체되는 결과가 발생할 수도 있다. 한편, 원재료에 대한 내국소비세의 징수는 완제품에 대한 내국소비세 징수의 경우와 마찬가지 이유에서 원재료 생산에 아무런 효과도 가져오지 아니한다. 또, 완제품과 원재료에 다같이 내국소비세가 징수되는 경우를 보면 이 경우의 효과는 위의 두 경우가 결합된 즉, 국산 원재료의 생산에는 변화가 없지만 완제품 소비 및 국내 생산의 감소, 원재료 및 완제품 수입의 감소, 그리고 TQV_2S+FLL_1G의 재정수입이 발생한다.

이제 내국소비세 징수에 따른 후생효과를 보기로 한다. [그림 Ⅲ-2]에서 완제품과 원재료에 대한 내국소비세의 징수로 정부는 각각 TQV_2S와 FLL_1G만큼의 재정수입을 얻었다. 이러한 재정수입은 관세징수의 경우에 비해 규모가 큰데 이는 국내 생산에 대하여도 수입의 경우와 마찬가지로 소비세를 부담시키기 때문이다. 이에 따라 소득 분배 측면에서 보면 소비자 잉여는 완제품의 경우 TQV_1S만큼 줄어든 대신 생산자 잉여는 증가하지 아니하고 재정수입이 TQV_2S만큼 늘어났으며 순손실은 QV_1V_2 부분이 될 뿐 생산 부분에서의 순손실은 발생하지 아니한다. 원재료의 경우 소비자(즉 완제품 생산자) 잉여는 FLL_1G만큼이 줄어들고 이는 모두 정부의 재정수입으로 돌아간다. 이는 결과적으로 AA_1의 완제품 국내 생산 감소로 연결될 것이다. 이상의 논의를 정리하면 〈표 Ⅲ-2〉와 같다.

〈표 Ⅲ-2〉 수입물품에 대한 내국소비세 징수의 효과

	국내 생산		국내 소비		수 입		재정수입	
	완제품	원재료	완제품	원재료	완제품	원재료	완제품	원재료
완제품에서 징수	불 변 (OA)	불 변 (OK)	감 소 (BB_1)	불 변 (OA)	감 소 (BB_1)	불 변 (KA)	발 생 (TQV_2S)	없 음
원재료에서 징수	감 소 (AA_1)	불 변 (OK)	불 변 (OB)	감 소 (AA_1)	증 가 (AA_1)	감 소 (AA_1)	없 음	발 생 (FLL_1G)
완제품과 원재료에서 징수	감 소 (AA_1)	불 변 (OK)	감 소 (BB_1)	감 소 (AA_1)	감 소 (BB_1-AA_1)	감 소 (AA_1)	발 생 (TQV_2S)	발 생 (FLL_1G)

자료: 설명내용을 정리하여 연구자가 작성

第2節 물품 수출 시의 租税免除 효과분석

이 節에서는 앞 節에서의 논의에 이어 수출상품 생산에 소요된 원재료의 수입 또는 국내 買入과정에서 징수되었거나 징수될 조세를 수출을 이유로 免除(환급)하는 경우에 발생하는 경제적 효과를 보기로 한다. 기초원재료와 중간재를 포함하는 수출용 원재료에 대한 관세면제는 수출 인센티브로서 Krueger가 지적한 바와 같이[94] 수입대체 대신 수출지향적 정책을 취해온 우리나라를 포함하는 동아시아 국가들이 가장 적극적으로 활용해 온 정책의 하나이다.

수출과 관련하여 조세를 면제하는 방법은 第Ⅱ章에서 분석한 바와 같이 사전면세와 사후면세의 두 가지로 크게 분류된다. 수출과 관련한 조세면제의 효과는 이와 같은 조세면제의 방법에 따라 다르고, 또 수출물품 생산에 사용되는 원재료의 국산 공급 정도에 따라서도 달라진다.

---

94) Krueger, Anne O., "Trade Policy and Economic Development: How we learn", The American Economic Review, vol.87, no.1, (1997), pp.9-10.

이 節에서는 먼저 수출물품을 생산하기 위하여 사용되는 원재료 중 수입원재료에 대하여 징수되는 관세의 면제효과를 수출물품 생산에 전량 수입원재료만 사용되는 경우와 일부가 국산품으로 대체 가능한 경우, 그리고 거의 전량을 국산 원재료로 대체가 가능한 세 가지 경우를 분석하고 다음으로 내국소비세의 면제효과를 보기로 한다. 각각의 경우에서는 사전면세와 사후면세인 환급을 구분하여 그 효과를 비교한다.

1. 수출용 원재료에 대한 關稅의 免除效果

1) 國産原材料가 없는 경우

[그림 Ⅲ-3]은 수출가능재에 있어서 완제품의 국내 생산과 수출의 관계를 보여주고 있다. [그림 Ⅲ-3]에서도 앞 節의 諸 가정은 그대로 적용한다. [그림 Ⅲ-3]에서 GG_1은 원재료의 국제 공급곡선, SS_1은 완제품의 국제 공급곡선, H_1은 완제품의 국내 공급곡선, 그리고 DD_1은 국내 수요곡선이다.

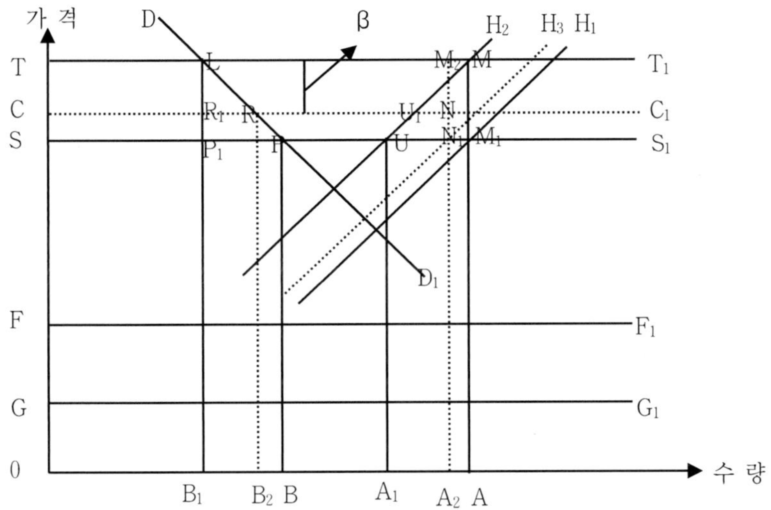

자료: 부분균형분석이론을 참고하여 연구자가 작성

[그림 Ⅲ-3] 輸出用原材料가 전량 輸入財일 경우 관세의 면제효과

자유무역하에서 원재료와 완제품의 가격은 각각 OG와 OS가 되고, 완제품의 국내 생산은 OA, 국내 소비는 OB이므로 국내 수요를 초과하는 AB만큼의 완제품이 수출된다. 이제 원재료의 수입에 관세를 징수하되 이러한 원재료로 완제품을 생산한 다음 수출하는 것을 조건으로 사전면세하는 경우의 효과를 보기로 한다.

원재료 수입 시 GF의 관세징수는 완제품 가격을 ST만큼 상승시켜 완제품의 공급곡선을 H₁에서 H₂로 이동시켜 국내 생산을 위축시키는데, 이러한 관세를 사전면세함에 따라 공급곡선은 H₂에서 H₁으로 복귀하여 생산도 OA₁에서 OA로 AA₁ 증가한다.[95] 그러나 관세면제는 수

---

95) 이러한 분석은 사전면세가 완전하게 원재료의 공급가격을 국제 공급가격으로 회복시킨다는 假定하에서 가능하다. 하지만 사전면세에도 사후관리와 같은 附帶비용이 발생하므로 실제에 있어서는 국내 생산자가 OS보다 다

출되는 완제품에 국한되므로 동일한 원재료를 사용하여 생산한 완제품이 국내에 판매될 때는 OT의 가격이 유지될 것이다. 이와 같은 상황에서 국내 생산자는 BB_1의 국내 공급을 감소시키는 대신 그만큼 수출을 늘리는 것이 LPP_1의 추가수입을 얻게 되어 유리하게 되므로 전체적으로 수출은 관세부과 전에 비해 BB_1만큼이 증가한다. BB_1이 국내에서 소비되지 않고 수출되는 이유는 BB_1부분이 수출되지 않는 한 국내 공급과 수출 사이에 균형이 이루어지지 아니하고, 동시에 이동 가능한 국내 생산요소에 이전과 같은 대가를 지불할 수 없어 생산물 시장에서 균형이 이루어지지 않기 때문이다. 결국 원재료 수입에 대한 GF의 관세징수와 동시에 수출품 생산에 사용되는 원재료 부분에 대한 관세의 면제는 TMM_1S만큼 가능한 재정수입 중 LMM_1P_1만큼을 수출물품의 가격이 국제 공급가격으로 회복될 수 있도록 수출보조금을 지불한 것과 같고, 국내 판매되는 완제품에 대하여는 TLP_1S만큼의 소비세를 징수한 것과 동일한 효과를 가져온 것이다. 한편, 완제품의 국내 가격이 OT로 유지되고 BB_1만큼의 소비감소로 인한 수출증가가 있기 위해서는 완제품 수입에도 적어도 ST만큼의 관세가 징수되어야 한다. 만일 관세에 의한 완제품 시장의 보호가 없다면 OS이상의 가격으로 국내완제품 시장 가격이 형성될 수가 없기 때문이다.

　다음은 사전면세에 따른 후생효과의 변화를 보기로 한다. [그림 Ⅲ-3]에서 정부는 TMM_1S만큼의 가능한 재정수입 중 LMM_1P_1만큼을 면세함으로써 재정수입이 TLP_1S로 줄어든다. 한편 생산자에게는 LMUP만큼의 잉여가 증가하고, 소비자에게는 TLPS만큼의 잉여가 감소한다. 이는 결과적으로 사회 전체로서는 LPP_1+MM_1U만큼의 純손실이 발생하게 됨을 의미하는 것이다. 그런데 수출에 따른 이와 같은 면세로 인

소 높은 가격수준에서 생산하게 될 것이다. 그러나 논의의 편의상 이하에서도 사전면세가 원재료의 공급가격을 완전하게 국제 공급가격으로 회복시키는 것으로 본다.

해 생산자에게 돌아가는 잉여는 Ishikawa 등의 연구결과가 밝히고 있는 바와 같이[96] 수출용 원재료로 사용하는 중간재를 수입에 크게 의존하는 경우 중간재 수출자인 외국기업으로 이전될 수 있다. 특히 외국 공급자가 獨寡占的일 경우 그 가능성이 높아진다. 한편, 사회전체로서의 순손실은 수출 인센티브로서 제공되는 면세가 국내 경제에 주는 비효율에서 초래되는 것으로 효율의 측면에서 볼 때 이러한 인센티브가 주는 이익이 순손실보다 클 때만 인센티브로서 면세가 정당화될 수 있다.[97] 요약하자면 수출용 원재료의 관세면제는 국내 소비를 감소와 수출을 확대하는데 이에는 감면제도 자체가 갖는 비효율로 인한 純손실이 발생한다는 것이다.

이번에는 원재료 수입 시 관세를 징수한 다음 수출 시 징수한 관세를 되돌려 주는 환급의 효과를 본다. 환급에는 환급비용[98]이 발생하므로 사전면세와는 달리 원재료 수입 시에 부과·징수되는 관세액의 일부인 $\beta(0<\beta<1)$만큼의 부분면세 즉, 減稅의 성격을 갖는다.[99] 따라서 [그림 Ⅲ-3]에서 환급 후 국내 공급곡선은 H_3이 되며, 환급을 통해 생산자가 돌려받는 금액의 규모는 사전면세 때보다 적은 TM_2NC가 된다. 그러므

---

96) Ishikawa, Jota & Barbara J. Spencer, Rent-shifting Export Subsidies with an Imported Intermediate Product, (US National Bureau of Economic Research, Working Paper 5458, 1996), pp.30-31,

97) Greenaway, David · & Chris Miller, Trade and Industry Policy in Developing Countries, (London: The Macmillan Press Ltd., 1993), pp. 34-37.

98) 환급비용에는 넓게 보면 환급제도의 운영에 따라 민간부문과 公共부문에서 발생하는 모든 비용이 포함된다. 이 중 국내 생산과 소비, 그리고 수출에 직접 영향을 미치는 것은 생산비용으로 반영되는 민간부문에서의 비용이다. 민간부문에서 발생하는 비용에는 관세 納付와 환급절차 이행에 따른 각종 비용, 환급받을 때 까지 資金을 부담함으로써 발생하는 금융비용이 있고, 그 외에도 여러 가지 이유로 환급요건을 갖추지 못하여 환급대상이 됨에도 환급받지 못한 금액이 포함될 수 있다.

99) 장근호·김진수, 관세환급의 경제적 효과와 개편방향, (서울: 한국조세연구원, 연구보고서 97-13, 1997), pp.37-45.

로 생산과 소비 그리고 수출에 미치는 효과도 사전면세에 비해 각각 적은 규모로 나타나 국내 생산은 관세징수 시에 비해 A_1A_2증가로 사전면세에 비해 AA_2만큼 감소하였으며, 소비는 B_1B_2만큼 감소하였으나 사전면세에 비해서는 BB_2만큼이 더 소비되고 있고, 수출은 전체적으로 B_1B_2만큼 증가하였으나 사전면세에 비해서는 BB_2만큼이 적게 증가하였다. 또한 후생효과는 LMU_1R만큼의 생산자 잉여가 증가하나 이는 사전면세에 비해 RU_1UP만큼이 적은 것이고, 소비자 잉여 역시 사전면세에 비해 $CRPS$만큼 감소폭이 적다. 이에 따라 사회적 순손실의 규모도 $LRR_1+M_2NU_1$로 적어진다. 한편 정부의 재정수입은 LM_2NR_1만큼이 보조금 성격의 지출로 줄어들지만 $R_1NN_1P_1$[100]은 사전면세와 달리 재정수입으로 남아있게 된다. 이상의 논의를 정리하면 〈표 Ⅲ-3〉과 같다.

〈표 Ⅲ-3〉 수출용 원재료가 전량 수입재일 경우의 관세면제 효과

| | 국내 생산 | | 국내 소비 | | 완제품수출 | 후생효과 | | |
	원재료	완제품	원재료	완제품		소비자	생산자	재정수입
사전면세	없 음	증 가 (AA_1)	증 가 (AA_1)	감 소 (BB_1)	증 가 (AA_1+BB_1)	잉여감소 $(TLPS)$	잉여증가 $(LMUP)$	감 소 (LMM_1P_1)
환 급	없 음	증 가 (A_1A_2)	증 가 (A_1A_2)	감 소 (B_1B_2)	증 가 $(A_1A_2+B_1B_2)$	잉여감소 $(TLRC)$	잉여증가 $(LMU1R)$	감 소 (LM_2NR_1)

자료: 설명내용을 정리하여 연구자가 작성

2) 原材料가 輸入可能財일 경우

이번에는 원재료가 수입가능재일 경우 사전면세의 효과를 본다.

[그림 Ⅲ-4]는 [그림 Ⅲ-3]에 원재료의 국내 공급곡선 E 및 E_1을

---

100) $R_1NN_1P_1$은 환급비용 중 수출업자가 환급받지 못하는 금액을 의미한다. 그 외 환급비용에 속하는 것을 포함해서 그림으로 나타내면 공급곡선 H_3은 좀더 좌측으로 이동하여 수출이 줄어드는 것으로 표시될 것이다.

추가한 것이다. [그림 Ⅲ-4]는 자유무역상태에서 국산 원재료와 수입 원재료를 사용하여 OA의 완제품을 생산하고 이 중 OB는 국내에서 소비, BA는 수출하고 있다.

이제 원재료의 국내 생산량이 내수용 완제품 즉 국내에서 소비되는 완제품 생산에 소요되는 원재료의 양에도 미치지 못하는 규모일 때 원재료 수입 시 사전면세하는 경우의 효과를 본다. 자유무역하에서 완제품의 국내가격은 OS가 되는데 원재료에 대하여 GF의 관세를 징수하면 완제품 가격도 동 관세액만큼 상승하여 OT가 되고, 여기에 관세의 면제는 완제품의 국내 생산을 AA_1 증가시키며, 국내 소비는 BB_1 감소시켜 수출이 관세징수 시에 비해 $AA_1 + BB_1$, 자유무역 시에 비해서는 BB_1 늘어남과 이에 따른 후생의 변화는 앞서 원재료를 전량 수입할 때와 다를 바가 없다. 차이점이 있다면 원재료에 대하여 관세가 징수됨으로 인해 국내원재료 산업이 보호되고 결과적으로 수입 대신 국내 생산이 VV_1 증가하는 원재료의 수입대체가 일어난다는 점이다.

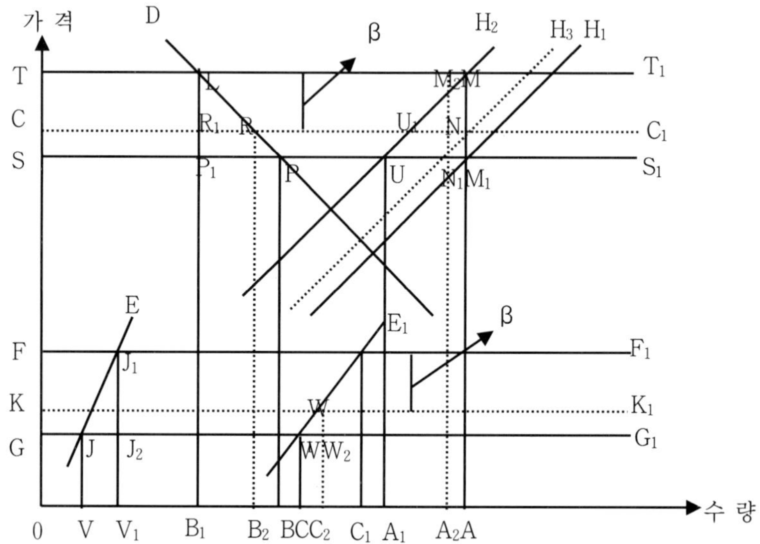

자료: 부분균형분석이론을 참고하여 연구자가 작성

[그림 Ⅲ-4] 원재료가 수입가능재일 경우 관세의 면제효과

이러한 수입대체로 자유무역하의 원재료 수입가격을 초과하는 한계
생산비 때문에 발생하는 삼각형 JJ_1J_2가 사회적 純損失에 추가된다. 여
기에서 수출을 조건으로 한 사전면세는 원재료 산업에 하등 영향을 미
치지 아니함을 알 수 있다. 원재료에 대한 관세의 징수는 원재료의 국
산화를 증가시키지만, 수출을 전제로 한 수입원재료에 대한 관세면제
는 원재료의 국내 생산에 아무런 영향을 미치지 아니하는 것이다. 즉,
사전면세는 완제품의 국내 생산을 증가시켜 원재료의 수요량이 늘어나
지만, 늘어난 원재료 수요량 AA_1은 수입원재료로 충당될 뿐 관세면제
로 인하여 원재료의 국내 생산이 증가하거나 혹은 감소하지는 아니하
는 것이다.

환급의 경우도 앞서 원재료를 전량 수입에 의존할 때와 차이가 없

다. 환급은 원재료에 대하여 징수된 관세의 일부인 TC 즉 β부분만 감세가 되므로 완제품의 국내 생산은 증가하지만 사전면세의 경우보다 적은 A_1A_2가 증가하고, 국내 소비도 감소하나 역시 사전면세보다는 적게 B_1B_2가 감소하여 수출이 $B_1B_2 + A_1A_2$ 증가할 뿐이다. 또한 원재료의 국내 생산에 미치는 효과도 사전면세와 환급의 경우가 동일하다. 즉, 환급은 환급비용의 발생으로 인해 수출보조금으로서의 효과가 감소하여 완제품의 국내 생산과 소비, 그리고 수출에 미치는 효과가 사전면세에 비하여 적게 나타나지만, 원재료는 관세징수로 인상된 가격에 공급하여도 내수용 물품의 생산에 소요되는 양에도 미치지 못하는 규모이므로 원재료의 국내 생산에는 아무런 영향을 미치지 아니한다는 점에서 일치하는 것이다.

결국, 원재료의 국내 생산에 영향을 미치는 것은 원재료 자체에 대한 관세의 징수 또는 면제일 뿐이고, 국산 원재료의 사용량이 일정 규모 이하일 때에는 수출을 이유로 한 면제가 사전면세이건 혹은 환급이건 원재료의 국내 생산에 아무런 영향을 주지 아니함을 알 수 있다. 이상의 논의를 정리하면 〈표 Ⅲ-4〉와 같다.

〈표 Ⅲ-4〉 국산 원재료의 생산량이 적은 경우의 관세면제 효과

	국내 생산		국내 소비		완제품 수출	후생효과		
	원재료	완제품	원재료	완제품		소비자	생산자	재정수입
사전면세	증가 (VV_1)	증가 (AA_1)	증가 (AA_1)	감소 (BB_1)	증 가 (AA_1+BB_1)	잉여감소 (TLPS)	잉여증가 (LMUP)	감 소 (LMM_1P_1)
환 급	증가 (VV_1)	증가 (A_1A_2)	증가 (A_1A_2)	감소 (B_1B_2)	증 가 ($A_1A_2+B_1B_2$)	잉여감소 (TLRC)	잉여증가 (LMU_1R)	감 소 (LM_2NR_1)

자료: 설명내용을 정리하여 연구자가 작성

이제 원재료의 국산화율이 일정 규모 이상으로 높은 수입가능재의 경우를 본다. [그림 Ⅲ-4]에서 원재료 공급곡선 E_1이 이에 해당한다. 여기에서 원재료에 대한 관세 GF의 징수는 완제품의 가격을 OF로 상승시키는데, 이때 수출을 조건으로 수출용 원재료에 대하여 면세를 할 경우 완제품의 국내 생산은 OA_1에서 OA로 AA_1 증가하고 소비는 OB에서 OB_1로 BB_1 감소함은 앞서의 경우와 동일하다. 그러나 원재료에 대한 관세 GF의 징수는 원재료의 국내 생산량을 OC에서 OC_1로 CC_1 증가시킬 것이지만, 수출을 전제로 이 관세를 면제하게 되면 수출물품 생산에 사용되는 원재료는 OG 가격 이하에서 공급이 가능한 국산 원재료 OC와 OG 가격으로 공급되는 CA의 수입원재료가 될 것이다. 결국 사전면세는 원재료에 대한 관세징수로 CC_1이 증가할 것으로 예상되었던 원재료의 국내 생산을 당초 관세가 징수되기 이전의 OC 수준으로 되돌려 국내원재료의 산업보호효과를 무효화시키는 것이 된다.

같은 원재료 생산량 조건에서 환급이 주는 효과를 보기로 한다. 환급으로 인한 완제품의 생산, 소비, 수출은 각각 OA_2, OB_2, B_2A_2로 앞서의 국내 생산량이 적은 경우와 같다. 그러나 환급에서는 관세의 감면이 징수된 관세의 일부인 β에 지나지 아니하므로 원재료의 국제 공급곡선은 KK_1이 되어 국내 생산은 사전면세의 경우와 달리 OC_2로 CC_2가 증가한다. 결과적으로 환급은 사전면세에 비하여 수출을 $AA_2 + BB_2$만큼 적게 하고 원재료의 수입량을 $AA_2 + CC_2$ 줄이는 대신 원재료의 국내 생산을 CC_2 증가시키고 그에 따라 사회적 순손실도 WW_1W_2가 발생한다.

정리하자면, 이론적으로는 수입원재료의 국산 대체 즉, 국산화라는 의미에서 보면 환급이 사전면세에 비하여 다소의 효과가 있다고 볼 수 있다. 그러나 이러한 효과는 수출의 감소와 자원의 비효율적 배분에 따른 국가적 厚生수준의 감소라는 희생 위에서 가능한 것이다. 이상의 논의를 정리하면 〈표 Ⅲ-5〉와 같다.

〈표 Ⅲ-5〉 국산 원재료의 생산량이 많은 경우의 관세면제 효과

	국내 생산		국내 소비		완제품 수출	후생효과		
	원재료	완제품	원재료	완제품		소비자	생산자	재정수입
사전면세	불 변 (OC)	증 가 (AA_1)	증 가 (AA_1)	감 소 (BB_1)	증 가 (AA_1+BB_1)	잉여감소 $(TLPS)$	잉여증가 $(LMUP)$	감 소 (LMM_1P_1)
환 급	증 가 (CC_2)	증 가 (A_1A_2)	증 가 (A_1A_2)	감 소 (B_1B_2)	증 가 $(A_1A_2+B_1B_2)$	잉여감소 $(TLRC)$	잉여증가 $(LMU1R)$	감 소 (LM_2NR_1)

자료: 설명내용을 정리하여 연구자가 작성

2. 輸出用原材料에 대한 內國消費税의 면세효과

앞의 節에서 완제품에 대한 내국소비세의 징수는 국내 소비의 감소를 가져오고, 원재료에 대한 내국소비세의 징수는 완제품의 국내 생산 감소를 가져오며, 완제품과 원재료에 다같이 내국소비세를 징수할 경우 국산 원재료의 생산에는 변화가 없지만 완제품의 국내 생산과 국내 소비의 감소, 완제품 수입의 감소효과가 발생함을 보았다. 여기서는 [그림 Ⅲ-5]를 통하여 수출가능재에 대하여 내국소비세의 징수 대신 수출을 前提로 한 사전면세의 효과를 보기로 한다.

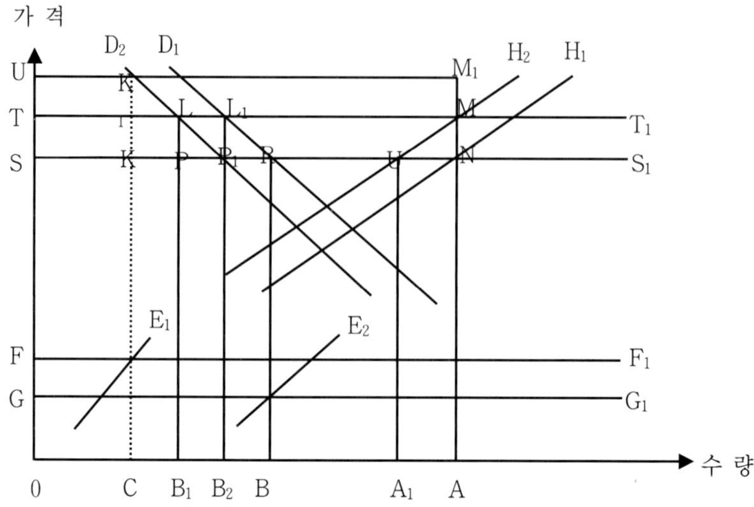

자료: 부분균형분석이론을 참고하여 연구자가 작성

[그림 Ⅲ-5] 內國消費稅 免稅의 효과

[그림 Ⅲ-5]에서 완제품의 국제 공급선은 SS_1이고, 국내 공급곡선은 H_1, 수요곡선은 D_1이며 자유무역하의 수출은 AB이다. 완제품에 대한 ST의 내국소비세 징수는 국내 가격 상승으로 수요곡선 D_1을 D_2와 같이 좌측으로 이동시켜 국내 소비를 BB_1만큼 감소시킨다. 여기에서 수출을 조건으로 내국소비세를 사전면세 하면,[101] 이는 수출에 대하여 LMNP의 보조금을 지급하는 것과 같다. 따라서 수출에 제공될 완제품의 생산은 소비세를 징수하기 이전만큼 회복되어 국내 생산량은 OA가된다. 한편, 국내 소비는 OB_1로 내국소비세 징수로 소비가 감소된 부분 BB_1도 수출로 전환되어 전체적인 수출은 AB_1이다. 이는 내국소비

---

101) 이때의 사전면세란 국내에서 생산된 완제품에 대해 수출을 조건으로 면세하는 것을 의미한다. 수입된 완제품이 그대로 수출되는 것은 극히 예외적인 경우이다.

세 징수 전에 비하여 BB_1이 증가한 것이다. 완제품 생산의 증가는 원재료의 사용량을 증가시킬 것이나 원재료가 수입가능재일 경우 오직 가격경쟁력에 따라 국산 원재료 또는 수입원재료의 사용량이 결정될 뿐 내국소비세의 감면은 원재료의 국내 공급 정도를 불문하고 원재료 산업에 직접적인 영향을 미치지 아니한다. 내국소비세를 환급하는 경우는 환급비용의 발생으로 다소간에 부분 면세가 이루어지기 때문에 국내 소비감소 폭이나 생산의 증가폭, 그리고 그에 따른 수출증가량이 사전면세에 비해 다소간 적게 나타난다는 차이가 있을 뿐이다.

이번에는 원재료에 GF로 징수될 내국소비세를 사전면세하는 경우의 효과를 본다. 원재료에 대한 내국소비세의 징수는 완제품의 공급곡선을 좌측으로 이동시켜 완제품의 국내 생산을 감소시키는데, 앞서 완제품에 대한 내국소비세와 동일한 세율을 적용한다면 [그림 Ⅲ-5]에서 공급곡선 H_1을 H_2로 이동시키는 것으로 설명될 수 있다. 이 경우 수요곡선 D_1은 변화가 없으나 완제품의 생산량은 국제 공급곡선을 따라 OA에서 OA_1로 감소하기 때문에 수출은 AB에서 A_1B로 감소한다. 즉, 원재료에 대한 내국소비세의 징수는 완제품의 생산을 감소시키고 이는 수출감소로 나타난다.

이제 원재료 거래에서 징수될 내국소비세를 수출을 전제로 사전면세하는 경우이 효과를 본다. 원재료 거래에서 징수되는 내국소비세는 생산세와 같은 성격의 것이므로 이의 면세는 L_1MNP_1의 수출보조금을 지급한 것과 같다. 따라서 수출은 OA의 국내 생산으로 생산증가에서 오는 AA_1, 그리고 OB_2의 국내 소비로 소비의 감소에서 오는 BB_2만큼이 증가한 AB_2가 된다. 수출이 AA_1 외에 BB_2만큼 증가하는 이유는 앞서 관세면제에서와 같이 BB_2 부분에서 생산자는 국내 소비자에게 판매하는 것보다 수출하는 것이 더 유리하기 때문에 국내가격이 OT로 상승한 결과이다. 원재료 생산에 대한 사전면세의 효과를 보면 완제품에 대한 사전면세의 경우와 동일하게 E_1의 공급곡선과 같이 원재료의 국내 생산 정도가 낮거나, E_2와 같이 국내 생산 정도가 높거나를 막론하고 원재료의 국내 생산에 아무런 영향을 미치지 아니한다. 원재료 거래에서 징수된 내국소비세를 환급하는 경우는 앞서 완제품에 대한 환급의 경우와 같이 국내 생산과 소비의 감소폭이 줄어들고 이에 따라 수출증가량도 사전면세에 비해 다소간 적게 나타난다.

마지막으로 원재료와 완제품에 같은 세율로 내국소비세가 부과되고, 완제품의 수출을 전제로 사전면세한 경우의 효과를 보기로 한다. 먼저 완제품에 대한 내국소비세의 징수는 [그림 Ⅲ-5]에서 수요곡선 D_1을 D_2로 좌측 이동시키고, 공급곡선 H_1 역시 H_2로 이동시키나 수출을 전제로 사전 면세함에 따라 공급곡선은 다시 H_1로 되어 완제품의 국내 생산은 OA, 국내 소비는 OB_1로서 수출은 AB_1이 된다. 이제 원재료에 대한 내국소비세의 징수는 수요곡선은 D_2에서 변화가 없지만 공급곡선 H_1은 H_2로 이동시키는데[102] 수출을 전제로 사전면세함에 따라 공급곡선은 다시 H_1로 복귀하여 국내 생산량은 OA가 된다. 그러나 국내 소비는 원재료에 대한 소비세 징수의 효과로 더욱 위축되어 OC로 되기 때문에 수출은 AC가 된다. 결과적으로 원재료와 완제품에 대한 소비세의 징수와 수출을 전제로 한 사전면세는 K_1M_1NK의 수출보조금을 지급한 것과 같다. 동일한 상황에서 환급하는 경우는 국내 생산과 소비의 감소폭이 적게 되고 그에 따라 수출증가량도 사전면세에 비해 다소간 적게 나타날 것이다. 以上의 논의를 정리하면 〈표 Ⅲ-6〉과 같다.

---

102) 원재료와 완제품에 대하여 내국소비세가 同時에 징수되고 수출을 전제로 事前면세된 경우를 그림으로 나타내면 공급곡선은 H_2가 아니라 H_2에서 H_1H_2만큼을 더 左側으로 이동하였다 H_1로 복귀할 것이나, 그림의 복잡함을 고려하여 이를 별도로 나타내지 아니하였다.

〈표 Ⅲ-6〉 내국소비세 사전면세의 효과

	국내 생산 (완제품)	국내 소비 (완제품)	수　출	후생효과		
				소비자	생산자	재정수입
완제품 소비세면세	증 가 (AA₁)	감 소 (BB₁)	증 가 (AA₁+BB₁)	감 소 (TLP₁S)	증 가 (TMUS)	감 소 (LMNP)
원재료 소비세면세	증 가 (AA₁)	감 소 (BB₂)	증 가 (AA₁+BB₂)	감 소 (TL₁RS)	증 가 (TMUS)	감 소 (L₁MNP₁)
완제품·원재료 소비세면세	증 가 (AA₁)	감 소 (BC)	증 가 (AA₁+BC)	감 소 (UK₁P₁S)	증 가 (UM₁MUS)	감 소 (K₁M₁NK)

자료: 설명내용을 정리하여 연구자가 작성

第3節　實效保護率理論에 의한 租稅徵收 및 免除의 효과분석

1. 實效保護率理論의 의의

　앞의 두 節에서 一般經濟理論에 입각하여 기하학적 표시방법으로 의하여 물품 수입 또는 국내 거래 시의 조세징수와 수출에 따른 면제의 효과를 분석하였다.

　기하학적 표시방법에 의할 때 조세의 징수와 면제가 초래하는 수출, 수입량의 변동과 생산·소비효과의 변화를 분석할 수 있으나, 그것이 관련 산업에 전반적으로 미치는 효과를 포괄적이면서도 구체적 수치로 설명하기는 어려운 점이 있다. 이러한 점을 고려하여 이 節에서는 實效保護率理論을 이용하여 수출입물품에 대한 조세의 징수와 감면의 경제적 효과를 분석해 보기로 한다.

　수입물품에 대한 조세 특히 관세의 징수는 재정수입 확보라는 측면과 함께 산업의 보호를 주요 이유로 하는데 여기에서 보호라는 말은 대개 국산품과 경쟁관계에 있는 외국상품의 수입을 어렵게 함으로써 국내 상품이 외국상품과의 경쟁에서 피해를 입지 않도록 해 준다는 의미에서 사용된다. 즉, 앞의 節에서 분석된 바와 같이 원재료 또는 완제품의 수입에 대한 조세의 징수 또는 비관세장벽은 수입상품의 가격을 높여 수입량을 줄이는 반면, 국내 시장에서 판매되는 국산품은 자유무역의 경우에 비해 생산량과 가격을 다같이 높이게 되어 상대적으로 생산업자가 有利한 입장에 서게 되는데 이를 '보호'라 부르는 것이다.[103]

그런데 보호의 효과는 피보호산업을 제외한 다른 국내 산업에 부정적 영향을 준다. 보호의 효과를 피보호상품을 사용하는 입장에서 보면[104] 상품 한 단위마다 국내 가격이 상승한 만큼의 소비자 잉여를 被保護商品의 생산자에게 재분배하는 것임은 第1節의 [그림 III-1]에서 이미 살펴본 바 있는데 여기에서의 소비자란 대개 다른 산업의 생산자이기 때문이다. 그러므로 특정 상품 또는 산업에 대하여 관세징수로 보호조치가 취해지고 있을 때 이 보호체계로 인해 特定산업은 혜택을 받기도 하고, 혹은 피해를 입기도 하는 것이며, 따라서 어느 國産品이 관세징수로 보호받는다는 사실만 가지고는 그것을 생산하는 산업이 보호체계로부터 純槪念으로 보호를 받는지 또는 피해를 받는지 不分明해진다. 마찬가지로 수출에 따른 조세면제의 효과도 산업의 상호의존이 복잡해질수록 분석대상 산업에 궁극적으로 어떤 효과를 낼 것인지 豫測하기가 더욱 어려워진다.

실효보호율이론은 이와 같은 상황을 고려하여 수입물품에 과해지는

---

103) 내국소비세는 원재료와 완제품에 동일한 세율이 적용되고(예: 부가가치세), 물품의 수입뿐 아니라 국내 생산, 판매에 대하여도 징수되기 때문에 실효보호율이론에서는 그 意義를 찾기 어렵다. 따라서 이 節에서는 관세만을 대상으로 한다.

104) 우리나라의 경우 소비재의 수입 비중은 전체 수입의 10%를 넘지 않고 90% 이상이 원재료 및 자본재의 수입이다. 따라서 이들 상품에 대한 보호는 이들 상품을 사용·소비하는 다른 산업의 희생을 토대로 하게 되는 것이다.

하나의 보호체계 즉 관세 혹은 非關稅장벽으로 수입을 제한하는 보호의 체계가 각 산업에 미치는 純效果가 무엇인가를 밝히는 이론으로 關稅의 實質的인 효과가 무엇인가와 관련하여 많은 관심을 받아왔다.[105]

실효보호율은 그 상품을 생산하는 데 소요되는 원재료에 대한 명목보호율을 勘案하여 그 상품의 생산활동에 대하여 부여된 보호율 즉, 국내가격기준의 부가가치와 국제가격 기준에 의한 부가가치의 차이를 後者의 비율로 표시한다. 여기에서 수입경쟁산업의 실효보호율의 값이 상대적으로 크다는 것은 관세 등의 징수에 의한 부가가치의 증가 비율이 상대적으로 크다는 것을 의미한다. 따라서 관세를 징수하면 그 산업의 생산규모가 확대되어 노동, 자본 등의 자원 사용도 증가할 것으로 예측할 수 있으며, 이는 반대로 수출산업에서의 자원 사용이 상대적으로 적어지든가 또는 그 규모가 縮小됨을 의미하는 것이므로 결과적으로 실효보호율은 자원 이동의 방향을 豫測시키는 것이라 할 수 있다.[106]

실효보호율이론에는 다음과 같은 몇 가지 특징이 있다.

첫째, 전통적인 무역이론이 度外視해 온 중간재에 대하여 이론적으로 고찰하고 있다는 점이다. 전통적 순수 국제무역이론에서는 생산요소가 국제적으로 이동하지 않는다는 假定하에 생산과정에 노동, 자본과 같은 本源的 생산요소의 투입만을 고려하고 있으나 실효보호율이론에서는 중간재의 투입에 대히어도 중요한 관심을 두고 있는 것이다.

둘째, 실효보호율이론은 소비 측면보다 생산 측면을 다룬 이론이다. 실효보호율이론에서는 보호의 정도가 부가가치의 변화율로 나타나는데, 부가가치의 변화란 곧 생산요소에 대한 보수의 변화를 의미하는 것이다. 따라서 실효보호율의 크기가 해당 상품의 純생산을 결정하며 자원의 이동방향을 예측가능하게 한다.

---

105) Appleyard, Dennis R. & Alfred J. Field, <u>Trade Theory and Policy</u>, (2nd edition, Chicago, Richard D. Irwin, Inc., 1995), p.233.
106) 李　均, <u>관세이론</u>, (서울: 법경사, 1997), pp.235-293.

셋째, 실효보호율이론은 주로 수입되는 특정 물품 또는 특정 산업에 대한 개개의 조세(특히 관세)를 설정하는 것보다 전체적인 보호의 구조(Structure)를 강조하고 있다. 이 점은 관세를 산업정책의 주요 수단으로 하는 국가에 있어 특히 의의가 있다. 실효보호율이론이 소개된 것은 상당히 오래되었으나 개념이 체계적으로 확립되어 측정되고 실제 정책에 적용되기 시작한 것은 1960년대 후반 이후이다.[107]

2. 實效保護率의 算出

관세 등에 의해 국내 산업이 보호되는 정도를 파악할 때 보호대상인 상품의 국내 가격이 국제 시장가격에 비해서 어느 정도의 영향을 받는가를 국제 시장가격에 대한 비율로 나타낸 것을 名目保護率(Nominal Rate of Protection; NRP)이라 한다. 한 산업의 산출물에 대한 보호정도를 나타내는 명목보호율 *NRP*는 다음과 같이 국내 생산품의 가격이 수입가격 또는 수출가격을 초과하는 비율로 나타낸다.

---

107) 실효보호율의 개념이 처음 등장한 것은 F. W. Taussig의 1816년 저서 'The Tariff History of the United States'라고 알려져 있으나, 일반적인 논의가 시작된 것은 C. L. Barber의 1955년 논문 'Canadian Tariff Policy'에서부터이다. 1960년대 후반의 실효보호율 개념의 이론적 확립에서 H. G Johnson은 실효보호율에 관한 이론적 연구를, B. Balassa와 G. Basevi는 최초로 체계적으로 실효보호율을 측정하는 연구를, 그리고 W. M. Corden과 J. C. Leith는 실효보호율 측정에서 비무역재의 대체성 및 환율과의 관련성 등 복잡한 문제를 해결하고자 하였으며 일반균형의 경우까지 확대하여 전개하였다.

$$NRP_j = \frac{P_j^d - P_j}{P_j} \quad -------------------- \quad (1)$$

NRP_j = 완제품 j에 대한 명목보호율
P_j^d = 완제품 j의 국내시장가격
P_j = 완제품 j의 국제시장가격

그런데 명목보호율의 크기만으로는 관세 등의 징수가 산업보호에 미치는 효과를 정확하게 파악할 수가 없다는 문제점이 있다. 이런 문제점을 고려한 것이 실효보호율(Effective Protection Rate: EPR)로, 이는 '수입물품에 대한 관세의 징수 또는 비관세장벽으로 인해 발생하는 국내 부가가치의 상승률'을 의미하며 다음 式으로 표시된다.[108] 논의의 편의를 위해 주어진 보호체계는 관세 하나로 국한한다.

$$EPR_j = \frac{DVA_j - WVA_j}{WVA_j} \quad ---------------- \quad (2)$$

EPR_j = 완제품 j에 대한 실효보호율
DVA_j = 완제품 j의 국내시장 가격에 의한 부가가치
WVA_j = 완제품 j의 국제시장 가격에 의한 부가가치

결국 DVA_j와 WVA_j는 각각 관세부과 후 또는 자유무역 시의 부가가치를 의미한다. 그런데 부가가치란 총 생산액에서 원재료비, 감가

---

108) 실효보호율은 '유효보호율' 또는 '실질보호율'(Real Rate of Protection)이라고도 하며, '부가가치보호율'(Rate of Protection of Value Added), 혹은 '숨겨진 보호율'이라고도 한다. 실효보호율이론에서는 第1節과 第2節에서 적용한 假定이 그대로 적용된다. 즉, 국제경제이론에서의 기본적인 假定인 ① 정태적 분석, ② 생산요소의 非이동, ③ 수확불변, ④ 완전경쟁, ⑤ 가격의 신축성, ⑥ 충분한 수요의 존재, ⑦ 수송비의 무시, ⑧ 국제수지의 균형 등에 더하여 ① 부분균형모델, ② 원재료의 투입계수는 일정, ③ 小國, ④ 비교역재 또는 순국내재의 不存在, ⑤ 비금지적 관세 등을 假定하고 있다.

108

상각비 등을 뺀 금액을 말하므로[109] DVA_j와 WVA_j는 각각 다음과 같이 표시된다.

$$DVA_j = P_j[(1+t_j) - a_{ij}(1+t_i)] ------------ (3)$$

$$WVA_j = P_j(1-a_{ij}) ------------------ (4)$$

t_j = 완제품 j에 대한 관세율
a_{ij} = 완제품 j 1단위 생산에 필요한 원재료 i의 투입비율(화폐)
t_i = 원재료 i에 대한 관세율

따라서 (3), (4)式을 (2)의 式에 代入하면 실효보호율은 다음과 같다.

$$
\begin{aligned}
EPR_j &= \frac{DVA_j - WVA_j}{WVA_j} \\
&= \frac{P_j[(1+t_j) - a_{ij}(1+t_i)] - P_j(1-a_{ij})}{P_j(1-a_{ij})} \\
&= \frac{t_j - a_{ij}t_i}{1 - a_{ij}} ------------------ (5)
\end{aligned}
$$

이러한 실효보호율 산출식을 第1節의 기하학적 모형 [그림 Ⅲ-1]과 대비하면 $\frac{ST}{OS} = t_j,\ \frac{OG}{OS} = a_{ij},\ \frac{GF}{OG} = t_i$이므로 이를 式(5)에 대입하면 다음과 같다.

$$EPR_j = \frac{\dfrac{ST}{OS} - \dfrac{OG}{OS} \times \dfrac{GF}{OG}}{1 - \dfrac{OG}{OS}} = \frac{ST-GF}{GS}$$

---

109) 부가가치는 지대＋임금＋純利潤으로 구성되는데 단순화를 위해 이윤을 무시하면 생산요소인 토지, 노동, 자본에 대한 보수의 증가를 의미하는 것이 된다.

以上은 완제품 생산에 사용되는 원재료가 하나밖에 없다는 것을 가정하여 실효보호율 산출식을 간단하게 나타내었으나, 보다 현실에 가깝게 n개의 원재료가 투입될 경우의 DVA_j, WVA_j 그리고 EPR_j는 다음과 같이 도출된다.

$$
\begin{aligned}
DVA_j &= P_j^d - \sum_{i=1}^{n} P_i^d \, b_{ij} \\
&= P_j(1+t_j) - \sum_{i=1}^{n} P_i(1+t_i)b_{ij} \\
&= P_j\left[(1+t_j) - \sum_{i=1}^{n} a_{ij}(1+t_i)\right] \quad ---------- \quad (6)
\end{aligned}
$$

$$
\begin{aligned}
WVA_j &= P_j - \sum_{i=1}^{n} P_i b_{ij} \\
&= P_j\left[1 - \sum_{i=1}^{n} \frac{(P_i b_{ij})}{P_j}\right] \\
&= P_j(1 - \sum_{i=1}^{n} a_{ij}) \quad ------------------ \quad (7)
\end{aligned}
$$

P_i = 원재료 i의 단위당 국제시장 가격
P_i^d = 원재료 i의 단위당 국내시장 가격
b_{ij} = 완제품 j 1단위당 생산에 필요한 원재료 i의 소요량(實物)

式(6)과 (7)에서 a_{ij}는 $\sum_{i=1}^{n} a_{ij} < 1$로서 a_{ij}와 b_{ij}의 관계는 $a_{ij} = \dfrac{P_i}{P_j} b_{ij}$이다.

이제 式(6)과 (7)을 실효보호율 정의식 (2)에 대입하여 정리하면 수입물품에 대한 관세징수 시의 실효보호율은 다음 式(8)과 같이 표시된다.

$$EPR_j = \frac{DVA_j - WVA_j}{WVA_j}$$

$$= \frac{P_j\left[(1+t_j) - \sum_{i=1}^{n} a_{ij}(1+t_i)\right] - P_j\left(1 - \sum_{i=1}^{n} a_{ij}\right)}{P_j\left(1 - \sum_{i=1}^{n} a_{ij}\right)}$$

$$= \frac{t_j - \sum_{i=1}^{n} a_{ij}\, t_i}{1 - \sum_{i=1}^{n} a_{ij}} \quad\text{------------------ (8)}$$

여기에서 $\sum a_{ij}$는 중간재 비중의 합을 나타내고 t_i는 중간재에 대한 가중평균관세를 의미한다. 式(8)을 통하여 다음과 같은 실효보호율의 성격을 알 수 있다.

첫째, 완제품 j와 이의 생산에 투입되는 원재료 i에 대해 징수되는 관세의 세율이 같다면 $EPR_j = t_j = t_i$가 된다. 즉, 실효보호율과 명목보호율은 동일하다.

둘째, 완제품 j에 징수되는 관세율이 원재료 i에 대해 징수되는 관세율보다 높다면 $EPR_j > t_j > t_i$가 되어 완제품 j의 실효보호율은 명목관세율보다 높아진다.

셋째, 완제품 j의 관세율이 원재료 i에 적용되는 관세율보다 낮다면 $EPR_j < t_j < t_i$가 되어 완제품 j의 실효보호율은 명목관세율보다 낮게 된다. 따라서 원재료 i에 징수하는 관세율이 완제품 j에 대해 징수하는 관세율보다 어느 정도 높게 되면 실효보호율은 마이너스로 된다. 물론 완제품 j에 대하여 관세를 징수하지 아니하고 원재료에만 관세를 징수하는 경우에도 실효보호율은 마이너스가 된다.110)

---

110) 이와 같이 원재료에 대한 관세율의 수준이 그 원재료를 사용하여 생산하는 완제품의 관세율보다 높은 경우를 逆關稅 구조라 한다. 관세율체계의 기본 구조는 원재료는 저관세, 완제품은 고관세로서 이러한 역관세가 발생하지 않도록 되어 있으나 완제품에 대한 양허세율의 적용, 감면세 등으

넷째, 완제품 j의 관세율이 완제품 생산에 투입되는 원재료의 금액 비율에 동 원재료에 대한 관세율을 곱한 율보다 낮다면 즉, $t_j < a_{ij} t_i$면 $EPR_j < 0$이 된다.

이는 원재료에 대한 가격 비중이 1 이상으로 매우 높으면 원재료와 완제품의 관세율이 동일할지라도 실효보호율은 마이너스가 될 수 있음을 의미한다.

3. 實效保護率理論에 의한 租稅免除의 효과분석

앞의 여러 가지 정의식을 근거로 수출을 전제로 사전면세 하는 경우의 효과를 보기로 한다. 식(8)에서 수출 시 완제품에 대하여는 관세가 징수되지 아니하므로 t_j는 0이 되고, 이러한 수출을 전제로 당해 수출물품 생산에 사용되는 원재료의 관세를 사전면세를 하면 t_i도 0이 되므로 식(8)의 실효보호율 EPR_j도 0이 된다. 다시 말해 수출을 전제로 한 사전면세는 실효보호율을 0으로 유지하게 하여 외국의 경쟁상대보다 수출업자가 국제 시장에서 불리한 입장에 처하지 않도록 함을 의미하지만, 수출산업을 특히 보호한다고는 볼 수는 없음을 뜻하는 것이다. 그런데 수출을 하지 아니하고 內需로서 국내 시장에 판매하는 경우를 보면 완제품의 관세율이 원재료의 그것보다 높은 경우 $(t_j > t_i)$에는 $EPR_j > t_j > t_i > 0$이 되고, 같은 경우에도 $(t_j = t_i)$, $EPR_j = t_j > 0$이 된다. 이는 완제품 j와 원재료 i에 대한 관세율 수준이 같다고 假定하여도 실효보호율은 0보다 크게 됨을 의미하고, 완제품 j에 대한 관세율 수준이 원재료 i에 대한 관세율 수준보다 높은 현실을 감안하면 내수용 물품의 실효보호율은 완제품 j의 명목보호율보다 높을 것이라는 점을

로 인해 역관세 구조가 형성되는 경우가 일어나게 된다.

112

의미한다. 자원배분이라는 측면에서 보면 수출산업은 수출세를 징수하지 않는 한,111) 실효보호율은 0으로서 특별한 보호를 받는 것이 아닌 반면, 내수산업은 逆關稅 구조가 아닌 한 실효보호율이 0보다 크기 때문에 수입물품에 대하여 조세를 징수한다는 것은 수출에 따른 감면을 고려하여도 실제로 보호를 받는 산업은 수출산업이 아니라 내수산업이라는 결론이 된다.112)

그럼에도 불구하고 第2節의 분석에서 수출에 따른 사전면세 또는 환급은 자유무역 시에 비해서 보다 수출을 증대시키는 것으로 나타나고 있음은 수출산업이 보호되어 생산이 증가하였기 때문이 아니라 국내 소비가 위축된 결과라 할 것이다. 이 점은 [그림 Ⅲ-3]과 [그림 Ⅲ-4]로도 확인된다.

결국 완제품 t_j가 국내에서 생산되어 일부는 수출하고 일부는 국내 시장에서 판매하는 수출가능재인 상황에서 수입원재료와 완제품에 대한 관세의 징수와 수출을 전제로 한 수입원재료에 대한 사전면세는 한 편으로는 수출에 대하여 자유로운 국제무역을 보장하면서, 다른 한편으로는 당해 완제품의 국내 시장에 대한 실효보호를 높여 외국물품의 수입을 억제할 뿐 아니라 국내 소비까지 억제하여 수출을 증대시키는 역할을 하고 있는 것이다.

국내 시장에 대한 보호는 국내 산업이 규모의 경제를 이루고, 習得효과

---

111) 수출세는 브라질의 coffee와 같이 세계적인 독점력이 있는 일부 품목에 대하여 재정수입을 목적으로 당해 물품의 수출국이 징수하는 경우가 있다.
112) 이 연구에서는 실효보호율 계산에서 관세 이외의 무역장벽 즉 비관세장벽을 고려하지 아니 하였으나 이를 고려하면 내수산업의 보호효과는 더욱 크게 나타난다. 우리나라의 경우 관세율은 1980년대 중반 이후 큰 폭으로 인하되어 전반적인 보호의 수준은 낮아졌으나, 兪正鎬 등의 연구에 따르면 이러한 수입자유화의 진전에도 불구하고 비관세장벽이 실효보호율에 미치는 영향은 상대적으로 더욱 높아진 것으로 나타났다. 兪正鎬·洪聖薰·李在鎬, 산업보호와 誘引체계의 歪曲, (서울: 한국개발연구원, 1993), p.281.

를 거둘 수 있도록 하며, R&D 비용을 회수토록 하는 등의 효과를 주어 궁극적으로 수출촉진에 기여할 수 있다는 논지로 활용되기도 한다.[113]

　이번에는 사후면세 즉 환급의 경우에 있어 효과를 보기로 한다.

　앞서 사전면세의 경우는 환급비용이 0이라 보고 원재료에 대한 관세율 $t_i = 0$ 이 된다고 假定하였으나 환급의 경우에는 환급비용이 고려되어야 하므로 式(8)은 다음 式(9)와 같이 수정될 수 있다.[114]

$$EPR_j = \frac{-\sum_{i=1}^{n} a_{ij}\, t_i + (\sum_{i=1}^{n} a_{ij} t_i)/(1+d_j)}{1 - \sum_{i=1}^{n} a_{ij}}$$

$$= (\frac{1}{1+d_j} - 1)(\sum_{i=1}^{n} a_{ij}\, t_i) \ - - - - - - - - - - - - \ (9)$$

$$d_j = \ 관세의 \ 환급비용 \ 비율$$

　式(9)를 보면 환급에서는 t_i가 최소한 관세의 환급비용비율인 d_j만큼이 존재하고 있는 것이 되기 때문에 수출에 따른 완제품 관세율 t_j가 0인 상황에서 실효보호율은 마이너스가 될 수밖에 없다. 式(9)는 사전면세에 비히어 수출산업이 내수산업보다 더욱 不利한 입장에 처하게 됨을 뜻하며, 수출지원이란 측면에서 볼 때 더 효율적이지 못하다는 점을

---

113) Krugman, Paul R. "Import Protection as Export Promotion: International Competition in the Presence of Oligopoly and Economics of Scale", in <u>Imperfect Competition and International Trade</u>, Gene M. Grossman(ed.), (Cambridge, MA.: Massachusetts Institute of Technology Press, 1994), pp.75-86 그러나 Krugman은 이 논문에서 이러한 주장은 불합리하고, 利己的인 주장일 뿐으로 자유주의, 無干涉主義가 보다 나은 정책이라고 반박하고 있다.
114) 李英徹, <u>한국의 관세환급제도 실시의 경제적 효과분석</u>, (서울: 국제경제연구원, 1980), p.14.

분명하게 보여주는 것이다. 그러나 원재료 산업의 경우를 생각해 보면 사전면세하에서 $t_i=0$이므로 실효보호율은 0 또는 마이너스가 되는 데 비해 환급은 $0< t_i <1$로 실효보호율 또한 $EPR_i> t_i >0$이 될 것이므로 원재료 산업에 대하여 다소간의 보호효과가 발생한다. 결국 환급은 국제경쟁력이 있는 수출산업의 희생을 담보로 경쟁력이 취약한 원재료 산업 지원을 강화하는 의미를 갖는 것이라 볼 수 있는데 이는 앞의 節에서의 기하학적 표시 방법에 의한 분석결과와 일치하는 것이다.

第4節 理論的分析의 結論

수입되는 물품에 대한 관세의 징수는 정부의 재정수입 확보와 수입 물품과 同種의 물품을 생산하는 국내 산업의 보호 등을 위해서이고, 수입되는 물품과 국내 거래단계에서 징수되는 내국소비세는 정부의 재정수입을 주된 목적으로 하는 것이다.

조세징수의 이러한 기본 목적은 수출물품 생산에 투입되는 수출용 원재료에도 그대로 적용된다. 그러나 수출물품은 그 최종 소비지가 국내가 아니라 외국이기 때문에 수출용 원재료에 대한 조세의 징수는 소비세 과세논리에도 附合하지 않을 뿐 아니라, 수출가격을 끌上시켜 국제 시장에서 가격경쟁력을 떨어트리므로 이러한 가격 경쟁력 저하를 방지함으로써 수출을 지원하기 위하여 조세면제가 행해지고 있다. 그런데 이러한 조세면제는 분석결과 ① 면제되는 조세가 관세냐, 내국소비세이냐 하는 조세의 종류에 따라, ② 수출용 원재료가 수입될 때 사전면세하느냐, 물품 수출 후 환급하느냐 하는 면제의 시기에 따라, 그리고 ③ 수출용 원재료의 수입의존도 즉, 국산 수출용 원재료의 공급 정도에 따라 그 경제적 효과가 다르게 나타났다.

이를 요약 정리하면 다음과 같다.

먼저 수출용 원재료가 수입되는 時點에 수출을 전제로 관세를 사전면세하는 경우이다. 관세의 사전면세는 수출물품에 대하여는 수출보조금을 지급한 것과 같아 국내 소비가 감소하고 수출이 증가하였다. 이때 수출증가의 규모는 관세징수로 인해 저해되는 수출감소를 사전면세함으로써 回復시켜 달성하는 실질적인 원재료 자유무역의 경우보다도 더 클 것으로 나타났다. (그림 Ⅲ-3의 BB_1 부분)

관세의 사후면세인 환급의 경우에도 국내 소비가 감소하고 수출이 증대하는 효과가 나타남은 사전면세의 경우와 같았다. 다만, 환급은 환급비용이 발생하기 때문에 부분면세(減税)의 성격을 갖고 있어 사전면세(보세, 징수유예 포함)의 경우보다 수출증대효과가 적을 것으로 나타났다. (그림 Ⅲ-3의 BB_2 부분) 따라서 수출지원이라는 측면에서 볼 때 환급은 사전면세보다 그 효율성이 떨어지는 것이라 할 수 있다. 그럼에도 불구하고 현재 우리나라에서 특히 관세의 경우 환급제도가 시행되고 있는 이유는 환급이 수출용 원재료의 국산화를 촉진시킬 것이라는 기대 때문이라 할 것이다. 실제 이론적으로도 원재료의 수입의존도에 따라 특정환급이 수출용 원재료의 국산 대체를 촉진시킬 수 있는 경우가 있음이 확인되고 있다. 먼저 수출용 원재료 전량을 수입에 의존하는 경우 즉, 국내 원재료 산업의 경쟁력이 매우 취약한 경우에는 관세환급은 원재료의 국산화에 별다른 기여를 할 수 없었다.(그림 Ⅲ-3) 또한 원재료가 수입가능재로서 국산 원재료의 생산량이 내수용 완제품 생산에도 미치지 못할 규모일 경우 즉, 국내 원재료 산업의 국제경쟁력이 약한 경우에도 관세환급은 원재료의 국산화에 아무런 도움이 되지 아니하였다. 그러나 수입되는 원재료에 관세가 징수됨으로 인해 국내 원재료 산업에 보호효과가 발생하여 수입 대신 국내 생산이 증가하는 수입대체가 일어나는데(그림 Ⅲ-4의 VV_1 부분), 이러한 원재료 국산 대체와 수출완제품의 생산과는 하등 관련이 없는 것이다. 사전면세 또는 환급으로 인해 완제품의 국내 생산이 증가하여 원재료의 국내 소비도 증가하지만 이때 필요한 원재료는 전량 수입증가분(그림 Ⅲ-4의 AA$_1$ 부분: 사전면세, A$_1$A$_2$ 부분: 환급)에 의해 충당되기 때문이다. 국내 원재료 산업이 상당한 경쟁력을 갖고 있어 국산 원재료의 생산량이 내수용 완제품 생산에 필요한 규모 이상일 때는 수출용 원재료에 대한 사전면세 또는 환급은 원재료의 국내 생산에 영향을 미쳤다. 먼저 사전면세는 원재료의 생산을 자유무역 시 생산수준으로 위축시켰다.(그림 Ⅲ-4의 CC$_1$ 부분) 그러나 환급은 환급비용의 존재로 인해 원재료 산업에 대한 보호막이 완전히 제거되지 않기 때문에 환급비용비율만큼 국내 원재료 산업을 보호하여 수입대체를 가능하게 하였다.(그림 Ⅲ-4의 CC$_2$ 부분) 다시 말하자면 환급비용은 수출물품에 대한 생산세와도 같아 수출을 위축시키는(그림 Ⅲ-4에서 사전면세에 비해 BB$_2$ +A$_2$A만큼 수출증대 효과가 적다) 반대급부로서 원재료 산업을 보호한 것이다.

한편, 수출을 전제로 한 내국소비세의 면세도 관세의 경우와 같이 수출보조금과 유사한 성격을 가져 당초 내국소비세가 징수되지 아니하는 경우보다도 더 국내 소비를 감소시키는 대신 수출을 증가시켰다.(그림 Ⅲ-5의 BB$_1$ 부분) 또한 완제품에 대한 사전면세에 더하여 원재료 수입 시 징수되는 내국소비세에 대한 사전면세는 국내 소비를 더욱 크게 위축시키면서 수출을 증가시킨다.(그림 Ⅲ-5의 B$_1$C 부분) 사전면세 대신 환급을 하는 경우는 환급비용으로 인해 수출증가의 폭이 사전면세보다 줄어드는 것 외에는 그 효과가 사전면세와 같았다. 그리고 내국소비세의 징수 또는 감면은 외국물품과 경쟁하는 국내 산업의 보호와는 거리가 멀기 때문에 관세의 경우와는 달리 국내 생산 정도를 불문하고 원재료의 국산화에 별다른 영향을 미치지 아니하였다.

실효보호율이론에 따라 수입물품에 대한 조세의 징수와 수출과 관련한 감면의 효과를 보면, 수출을 전제로 한 사전면세는 자유무역보다 수출물품의 가격경쟁력이 국제 시장에서 불리하지 않도록 하지만 수출산업의 실효보호율을 0으로 하기 때문에 수출산업을 내수산업에 비해 더 보호하는 것은 아니라는 점을 보여주었다. 즉, 원재료와 완제품에 대한 차등적 조세징수는 내수산업의 실효보호율을 0보다 높게 하므로 수출에 따른 감면에도 불구하고 내수산업이 수출산업보다 오히려 有利한 입장에 처하게 되었던 것이다. 사전면세 대신 환급을 하는 경우는 환급비용의 존재로 인해 사전면세 때보다도 수출산업이 더 不利한 입장에 처하게 되는 대신 원재료 산업에 대해서는 다소간 보호효과를 가져올 수 있었다.

　이상의 결과를 종합하여 다음과 같은 결론을 내릴 수 있다.

　첫째, 원재료에 대한 조세의 징수와 수출을 전제로 한 사전면세 혹은 수출 후의 환급은 완전한 자유무역 시보다 더 수출을 증가시킨다. 그러나 이러한 수출의 증가는 수출산업의 경쟁력 향상을 통한 생산증가의 결과가 아니라 완제품의 국내 소비가 위축된 결과이다.

　둘째, 수출증대의 효과는 사후면세인 환급보다 사전면세가 더 크다. 그 이유는 환급에는 환급비용이 발생하기 때문이다. 따라서 수출촉진이라는 정책목표를 고려한다면 환급보다 사전면세 또는 사전면세와 유사한 효과를 주는 보세제도나 징수유예제도가 더 유효한 정책수단이라 할 수 있다.

　셋째, 환급제도 운용의 주된 이유 중의 하나인 원재료의 국산화 효과는 수입물품에 대해 징수되는 관세와 관련이 있고 내국소비세와는 무관한데, 국내 원재료 산업의 경쟁력 수준에 따라 그 효과가 다르게 나타난다. 환급이 원재료의 국산화에 기여하기 위한 조건은 원재료 산업이 상당한 경쟁력을 가지고 있어 국산 원재료의 공급량이 내수용 물품 생산에 소요되는 원재료의 量 이상일 경우이다. 이와 같은 조건하에서라면 사전면세는 원재료 산업에 중립적 입장이 되나, 환급은 환급비용비율만큼 원재료 산업을 보호하여 국내에서의 경쟁력을 높여 수출용 원재료를 수입대체할 수 있게 한다. 그런데 이와 같은 조건을 갖춘 원재료 산업은 전체 산업의 일부에 불과하고 또 이미 상당한 경쟁력을 갖추고 있는 산업이라면 수출을 감소시키면서까지 더욱 보호하여야 할 當爲性이 있다고 보기 어려우므로 논리적으로 환급제도 운용의 주된 이유 중의 하나인 원재료 국산화는 결국 그 타당성을 찾기 어렵다는 결론을 얻는다. 이와 같은 견지에서 원재료 사용자 중심의 需要 堅靭 정책보다 원재료 생산 기업들이 가격 및 품질 경쟁력을 향상시킬 수 있도록 기술 개발지원 중심의 정책이 필요하다는 주장[115]은 일리가 있다.

넷째, 산업에 대한 실효보호의 관점에서 볼 때 수입물품에 대한 조세의 징수와 수출에 따른 감면제도는 국제 경쟁력이 있는 수출산업을 희생하면서 경쟁력이 없는 내수산업을 보호하고 있다. 수출과 관련한 관세의 면제는 원재료에 대한 관세징수로 마이너스가 된 실효보호 수준을 0으로 회복시키지만, 내수산업은 원재료와 완제품의 관세율이 동일할 때도 실효보호율이 0보다 크게 나타나기 때문이다.

本 章에서는 이론적 측면에서 수출입물품에 대한 조세의 징수와 면제의 경제적 효과를 분석하였다. 분석을 통하여 면세의 경제적 효과에 대한 몇 가지 시사점을 얻었으나 이러한 분석결과는 本 분석이 여러 제약이 전제된 부분균형하에서 이루어졌다는 한계가 있으므로 이를 고려하여 해석될 필요가 있다.

---

115) 金泰亨, <u>新국제규범하의 중간재 국산화정책</u>, (서울: 대외경제정책연구원), 1996, pp.79-82.

第Ⅳ章 租稅免除의 支援效果에 관한 先行研究

기업 또는 국가 단위의 수출활동에 관한 연구는 다양한 주제로 이루어져 왔다.

수출에 관한 학문적 연구가 본격화된 1970년대 중반 이후 1990년대 중반에 이르는 기간 동안 수출과 관련하여 가장 많은 학문적 관심을 받은 것은 수출의 발전(확대)과정과 관련한 것이었다. 이와 관련한 주요 연구로는 Johanson & Wiedersheim-Paul(1975), Billkey & Tesar(1977), Wiedersheim-Paul & Welch (1978), Wortzel & Heidi(1981), Cavusgil (1982), Czinkota(1982), Barret & Wilkinson(1986), Moon & Lee(1990), Lim & Sharkey(1991), Naidu & Rao(1992), Anderson (1993), Crick(1995) 등이 있다.

이들 연구는 수출발전 과정의 개념화, 각 발전단계에 있어서 기업 수출활동의 특성, 수출의 촉진요인과 제약요인 등을 주요 관심사로 하고 있는데, 본 연구의 주제인 '수출활동과 관련한 조세의 면제'는 다같이 고려의 대상으로 삼고 있지 않다. 그 이유는 第Ⅱ章 第1節에서 분석한 바와 같이 선진국의 경우 조세를 통한 수출지원 자체가 有意한 수준이 되지 못하고 있기 때문일 것이다.

한편 우리나라의 경우 선진국들과 달리 수출과 관련한 조세면제의 규모가 상당함에도 이를 학문적 연구의 대상으로 한 경우가 드물다. 또 일부 행해진 연구의 경우도 제한된 자료 또는 방법을 통하여 이루어지고 있는데 그 이유는 복잡하고 까다로운 稅法의 규정과 조세지원과 관련한 통계자료의 不在가 가장 큰 원인일 것으로 추정된다. 통계자료는 자료를 관리하고 있는 정부쪽에서 세부적인 자료를 집계하여 공표한 적이 없기 때문이다.

결국 국내외를 막론하고 수출지원을 목적으로 한 조세면제의 효과를 다룬 연구는 소수의 예외적인 경우에 불과하고, 그 소수의 연구조차 평가할 만한 성과를 거두었다고는 보기 어려운 것이다.

이 章에서는 먼저 수출과 관련한 조세면제의 효과를 다룬 연구들을 살펴본 다음, 정부 또는 공공단체의 수출지원방안과 그 효율성을 다룬 국내외 연구와 수출함수 추정을 통해 수출에 영향을 미치는 요인들에 대해 분석한 몇 가지 선행연구들에 대하여 살펴보기로 한다.

第1節 輸出과 관련한 租稅免除의 效果에 관한 연구

수출과 관련한 조세면제의 효과에 대한 연구는 사후면세인 환급이 주요 관심사가 되어왔다. 먼저, Panagariya(1990)는 수출에 따른 조세감면 즉 환급이 국민후생에 미치는 영향을 일반균형이론으로 분석하였다. 그는 수출 시 환급을 허용하지 아니할 경우 수출품 생산에 投入되는 중간재에 대한 관세부과는 수출품에 대하여 다른 率로 부과되는 생산세와 같으며, 이와 같은 중간재에 대한 관세징수가 가져오는 후생효과는 재정수입을 일정하게 유지할 목적으로 중간재에 대한 관세징수를 고려하여 수입완제품에 대한 관세를 낮춘다 하더라도 불분명하다고 지적하였다.

그는 최종 수입재에 대하여 관세가 부과되고 있는 상황에서 수출품 생산 시 투입되는 중간재에 대한 환급은 후생을 증가시키는데, 이를 위한 충분조건은 수출물품과 관세가 부과되는 수입완제품이 대체적 소비관계에 있는 경우라 하였다. 아울러 투입중간재에 대한 관세부과와 이를 사용하여 생산한 물품의 수출에 따른 환급이 재정수입의 감소없이 수입완제품에 대한 관세인하와 병행되면 긍정적 후생효과는 더욱 높아질 것으로 보았다. 한편 그는 자신의 연구가 수입중간재의 투입비율이 일정한 것으로 가정하고 있는데 현실적으로 보면 수입중간재와 국산중간재는 대체적일 가능성이 높으며, 이러한 점을 고려할 때 예를 들어 자유무역하에서 수입중간재를 사용한 물품의 수출상대가격이 균형을 이루는 왜곡구조하에서는 수출에 따른 환급이 오히려 有害할 수 있다는 점도 지적하였다.

Panagariya의 연구는 수출에 따른 투입중간재에 대한 관세의 환급효과를 이론적으로 논증하였다는 데서 상당한 의미를 갖고 있다. 그러나 그의 연구는 이론의 전개에 그치고 실증적인 분석이 없었다는 점에서 한계가 있다.

Schmitz & Damas(1997)는 미국 캘리포니아 주 면화산업을 대상으로 정부의 재정지출로 이루어지는 보조금과 전통적 무역이익간의 경제적 효과를 비교분석 하였다. 캘리포니아는 상당량의 면화에 대해 보조금을 지급하고 목표가격(Target price)으로 수출하고 있는데 1992년의 경우를 대상으로 분석한 결과, 면화수출로 인한 전통적 무역이익은 약 1억 달러인 데 반해 보조금 지급 프로그램에 의한 비효율은 약 2억 8,700만 달러로 결과적으로 약 1억 8,700만 불의 경제적 순손실이 발생한 것으로 推計하였다. 그들은 이러한 純損失이 보조금 지급으로 인해 국내 소비자와 면화 생산자가 얻게 되는 이익보다 국내 납세자가 입는 순손실이 크다는 것을 의미하며, 나아가 정부의 보조금 중 일부는 낮은 수출가격을 통해 외국의 소비자들에게 간접적으로 지불된다고 지적하였다. 그들은 무역의 순경제효과가 부정적일 때 왜곡된 무역보다는 자급자족의 국내 시장이 오히려 낫다고 주장하면서 정부보조금의 부당성을 지적하였다.

Schmitz 등의 연구는 직접적으로 조세면제의 효과를 다룬 것은 아니지만 재정지출과 같은 보조금의 지급이 비효율적일 경우 一國의 厚生은 오히려 악화될 수 있다는 점을 실증적으로 규명하였다는 점에서 의

의가 있다.

한편, 정부 또는 공공단체의 보조금 지급의 효과와 관련하여 주목할 만한 것은 1980년대 이후 불완전경쟁시장을 전제로 하여 무역정책을 다룬 연구들이다. 그때까지의 전통적 무역이론은 완전경쟁시장을 가정하여 보조금정책의 효과를 분석하고, 그 결과 보조금의 지급은 자유무역과 비교할 때 생산과 소비부문에서 국민후생에 순손실이 발생하기 때문에 최적 무역정책이 될 수 없다고 결론을 내리고 있었다. 그러나 1980년대 초 이후 분석의 틀을 불완전 경쟁시장으로 하면서 수출보조금이 최적 무역정책이 될 수도 있다는 이론이 등장하였으며, 이러한 이론은 국제무역에서 정부의 개입을 정당화시키는 신국제경제학으로 발전하였다. 불완전경쟁하에서 수출보조금에 대한 분석을 최초로 모형화한 것은 Brander & Spancer(1985)이다. 이들은 ① 국내와 외국이라는 두 나라에 각각 하나의 기업이 존재하며 ② 두 기업은 동종의 물품을 생산하고 ③ 이 상품을 모두 제3국에 수출하며 ④ 두 기업은 각각의 생산량을 선택함으로써 쿠르노(Cournet) 경쟁을 하며 ⑤ 두 기업의 한계비용은 불변이라는 것 등 많은 가정하에 보조금이 미치는 효과를 분석하고, 결론적으로 국내정부의 보조금 지불은 외국기업의 이윤을 국내기업으로 이동시키는 이윤이동(profit-shifting)과 함께 외국기업의 수출은 감소하고 국내기업의 수출은 증대할 수 있다고 주장하였다.

Brander & Spancer 이후 다루어진 무역정책 연구에서 본 연구와 관련하여 주목할 만한 것으로 Ishikawa & Spencer(1996)의 연구가 있다. 이들은 Brander & Spancer의 모델에서 다루지 아니한 중간재의 수입문제를 고려하여 우리나라와 같이 중간재를 수입에 크게 의존하는 경우 수출보조금으로 인한 Rent는 중간재 수출자인 외국으로 이전할 가능성이 있음을 밝히고 있다. 즉, 그들은 Brander & Spancer모델에서는 일정조건하에서 보조금지급이라는 전략적 무역정책이 국내에 순이익을 준다고 하였지만 수출물품 생산에 수입중간재가 사용된다는 점을 고려하여 만일 외국공급자가 독과점적이라면 그들이 국내의 최종재 수출품에 대한 보조금으로부터 유래하는 Rent를 나누어 가질 수도 있다는 점을 이론적으로 주장하고 있다.

李英徽(1980)는 우리나라의 관세환급제도가 정부의 의도대로 원재료의 국산화에 기여할 수 있는지에 대해 분석하였다. 그는 수출주도형 개발전략은 가격기구의 비합리적인 교란(price distortion)을 최소화시킴으로써 자원의 효율적 배분을 기할 수 있다는 데 그 근거가 있으므로 관세환급과 같은 수출지원정책은 이러한 price distortion을 최소화시키는 데 주안점을 두어야 한다고 보고 환급의 경제적 효과를 실효보호율이론을 통하여 분석하였다. 그는 수입대체가 국민경제에 기여할 수 있는 조건은 먼저 수입대체를 통한 외환 절약에 소요된 국민경제상의 실질적인 자원비용(Domestic Resource Cost: DRC)이 외환의 실질가격(Shadow Price of Foreign Exchange: SPFX)보다 적어야 하며, 다음으로 私企業의 이윤율(Private Rate of Return)이 정상수준에 이르지 못하여 정책적 지원이 없이는 국민경제에 유익한 수입대체를 성취하기 곤란하다는 두 가지 조건이 충족되었을 때로 보았다. 그러나 관세환급제도는 수출산업에 대한 負의 실효보호의 대가로 수입대체를 지원하는 것이므로 수출의 부진을 초래하여 국민경제상의 이득(SPFX－수출산업의 DRC)을 극대화시키지 못하게 되며, 이러한 국민경제상의 損失이 수출용 원재료의 수입대체를 통한 이득(SPFX－수입대체산업의 DRC)보다 더욱 클 확률이 많으므로 결국 원자재의 국산화촉진이라는 관세환급제도의 정책목표는 타당하지 아니한 것으로 보았다. 대신 바람직한 국산원자재 산업의 보호는 수출산업의 자유무역적 성격을 저해하지 않는 범위 내에서 개별적인 지원정책을 통한 보호가 더 효과적인 것이라 주장하였다.

李英徽의 연구는 우리나라의 관세환급제도를 통한 원재료의 국산화촉진 정책의 추진이 국민경제상 순손실을 초래할 수 있다는 점을 지적하고, 관세환급은 가격 왜곡을 최소화시켜 자원의 효율적 배분을 기함으로써 수출을 지원하는 정책목표에 충실하는 것이 바람직하다는 점을 명확히 하였다는 데 그 의의가 있으나, 이론 중심의 논의라는 데 한계가 있다.

兪正鎬·洪性薰·李在鎬(1993) 등은 1990년의 실효보호율을 추정하여 우리나라의 관세 및 非관세를 통한 보호체계가 국내 산업에 미치는 효과를 분석하였다. 그들은 이 연구에서 1990년 현재 우리나라의 관세 및 非관세를 통한 실효보호체계는 산업정책적 차원에서 볼 때 막대한 규모의 소득이전과 誘引 체계의 왜곡을 초래하고 있다고 보았다. 특히 수출에 따른 관세환급을 감안하더라도 국내 판매하는 비교역재 산업 전체가 30-39%의 실효보호를 받고, 식료품을 제외한 제조업도 20%의 실효보호를 받고 있음에 비해 수출산업은 실효보호율이 零보다 클 수 없기 때문에 우리나라의 관세, 비관세를 통한 보호체계는 매우 강력한 反수출 偏倚를 가지고 있으므로 국내 산업보호의 삭감이 필요하다고 주장하였다. 그들은 산업보호의 삭감방법으로 명목보호율의 산업 간 차이를 최소화하되 개별 산업들에 대한 명목보호는 주로 관세에 의해 결정되도록 비관세장벽을 완화시키며, 개별상품들에 대한 관세율은 교역재 전체에 대한 평균관세율 주위에 가까이 分布되도록 세율구조를 개편할 것을 제시하였다.

兪正鎬 등의 연구는 기존의 관세 또는 非관세를 통한 보호체계가 관세환급을 통한 유인체계 왜곡 해소의 노력에도 불구하고 국제경쟁력이 있는 수출산업을 위축시키는 대신 국제경쟁력이 약한 내수산업을 보호하고 있다는 것을 실증적으로 분석하였다는 데 그 의의가 있다.

張槿鎬·金珍洙(1997) 등은 1990년과 1993년의 통계자료를 통하여 우리나라의 관세환급제도가 중간재의 국산화와 수출증대에 미친 영향을 분석하였다. 그들은 관세환급제도가 중간재에 대한 관세 등을 환급하는 제도이므로 중간재 수입의존도 및 수출액과 환급비중은 긴밀한 관계에 있을 것으로 보고, 산업연관표를 이용하여 1990년과 1993년의 자료를 비교함으로써 산업별로 관세환급과 중간재의 수입의존도 및 수출액의 변화추이를 분석하였다. 분석결과를 토대로 그들은 중간재의 국산화 정도를 나타내준다고 볼 수 있는 중간재의 수입의존도는 1990년의 23.4%에서 1993년 23.1%로 약 0.3% 감소하였으나 이는 관세율인하 예시제의 시행으로 상대적으로 중간재의 관세율보다 완제품의 관세율이 더 많이 인하됨에 따라 상대적 보호격차의 완화가 국내 자원을 중간재 산업으로 이동시킨 결과일 뿐 환급 자체는 중간재의 국산화에 기여하지 못하였다고 지적하였다. 또한 수출액 대비 관세환급의 비중이 1990년에는 2.59%였으나 관세율 인하예시제로 그 비중이 감소하였지만 1993년에도 1.28%로 나타나는 것은 관세환급이 수출업체의 수익성을 증가시켜 수출을 증대하는 데 기여하고 있는 것으로 보았다.

張槿鎬 등의 연구는 관세환급의 수출증대 효과 및 원재료국산화 촉진 여부를 산업별로 분석하였다는 데 그 의의가 있다. 그러나 이 연구는 1990년과 1993년이라는 특정시기를 분석대상으로 하고 있다는 데 한계가 있다.

이상 수출지원과 관련한 조세면제의 효과와 관련한 선행연구의 결과를 요약하면, 수출품 생산에 투입되는 중간재에 부과된 조세의 환급은 이를 한급하지 아니하는 경우에 비해서는 일국의 후생수준을 증가시킬 수 있으나, 효율적이지 못할 때는 오히려 후생수준을 저하시킬 수도 있으며, 환급제도를 통한 원재료의 국산화효과는 기대하기 어렵다는 것이다.

第2節 輸出支援의 方案과 그 效率性에 관한 연구

수출을 지원하기 위한 조세면제도 정부의 수출지원을 위한 제도적 장치 중의 하나일 것이나, 정부의 수출지원과 관련된 선행연구들을 보면 관심의 초점은 대개 마케팅 지원과 금융지원, 그리고 교육과 같은 기타 지원에 국한되고 있다.

먼저, Erwin, Koeglmayer & Mueller(1992) 등의 연구결과를 보기로 한다. 그들은 수출잠재력은 가지고 있지만 수출하지 아니하거나 최소한의 수출만 행하고 있는 기업의 해외 시장 참여를 방해하는 요인은 무엇이며, 어떻게 수출기업으로 동기를 부여할 수 있는지와 관련하여 독일 중소기업들을 대상으로 연구하였다.

연구결과 이들은 성공적인 수출에는 기업의 고용자 수나 수출품의 在庫, 수출이익 등과 같은 기업변수도 영향을 미치지만 경영자들의 수출에 대한 태도, 심리적 거리, 외국체류를 통한 경험, 경직성, 제품 정책의 위험인정, 변화의 인정 등과 같은 주관적 변수들이 보다 큰 영향을 미치며, 수출에 있어 주요 장애요인은 가격결정의 문제, 시장개발비용, 人的 자원의 문제와 언어문제 등으로 지적하였다. 이러한 점을 고려하여 이들은 수출잠재력을 실현함으로써 기업이 수출하도록 하기 위한 정부와 기업의 주요 지원방안을 ① 외국어 숙련 기회의 제공과 유능한 인력의 확보를 위해 학교나 대학의 프로그램을 이용한 외국어 교육, 국제교류를 촉진하고 경영훈련을 위한 외국파견, 은퇴한 수출경험 직원의 임시고용이나 지역상공회의소의 수출관련 상담활용, ② 진입이 어려운 시장에 대한 정부 차원의 유통센터 설치나 무역금융, 수출보험 제도의 확충 같은 유통·서비스와 관련된 지원, ③ 시장조사, 무역전시회 등을 통한 수출관련 정보의 지원, ④ 수출을 촉진시키겠다는 정부의 강력한 의지 표현 등으로 제시하였다.

　　Kotabe & Czinkota(1992)는 미국 중서부에 위치한 주의 162개 수출업체를 대상으로 각기 다른 수출단계에 있는 기업들에게 가장 중요한 수출지원은 무엇이고, 기왕에 행하고 있는 州정부의 수출지원활동이 기업들의 요구에 맞게 자원을 배분하고 있는지 여부를 연구하였다. 이들은 수출단계별로 다양한 문제에 걸쳐 기업이 바라는 지원과 州정부의 수출지원노력을 반영하는 지수를 개발하고 두 지수를 비교하는 방법을 사용하였다. 연구 결과 ① 수출에 부분적인 관심이 있는 제1단계 기업들은 정부의 복잡한 행정절차와 같은 법적 절차에 대한 지원을 필요로 하고 있으나 정부의 지원은 해외 시장에 대한 정보의 제공에 비중이 두어지고 있고 ② 수출개척에서 실험적 수출, 제한된 범위의 수출, 수출경험업체에 이르기까지 제2단계 내지 제5단계 기업들은 운송수배, 서류인도, 금융정보의 획득, 포장, 보험부보 등 物流와 관련된 지원을 가장 필요로 하고 있으나 정부의 지원은 광고나 판매정보 등 판매촉진과 관련된 부분에 자원을 집중적으로 배분하고 있어 기업의 기대와는 거리가 있는 것으로 나타났다. 따라서 이들은 정부의 지원을 기업이 원하는 부분으로 조정할 것과 제1단계에 속해있는 기업에 대한 더 많은 지원으로서 추가적 재정부담 없이도 수출촉진효과를 기대할 수 있다고 주장하였다.

　　Naidu & Rao(1993)는 미국의 777개 중소기업을 대상으로 기업이 필요로 하는 수출지원의 내용이 무엇인지를 연구하였다. 이들은 조사대상 기업을 비수출기업, 수출의도를 가진 기업, 산발적인 수출기업, 정기적인 수출기업의 4가지 범주로 나누어 분석하였는데, 각 범주별로 기업의 규모, 매출액, 수출집약도, 수출하고자 하는 의도, 경영관리상의 전망, 자원의 배분 등에 있어 상당한 차이가 있고 수출개발의 필요성에 대한 인식도 다르다는 점을 확인하였다. 이들이 분석한 기업 수출에 있어 애로사항은 전반적으로 ① 금전 손실의 위험성, ② 언어, 문화상의 장벽, ③ 수출관련 서류의 구비, ④ 중소기업에 대한 은행의 비협조 등이었는데 이러한 애로사항은 수출단계별로 차이가 있었다. 한편 수출지원 프로그램으로 가장 필요하다고 보는 것은 非수출기업들의 경우에는 州 생산품에 대한 州정부 또는 민간 차원의 판촉프로그램을, 수출의도를 가진 기업들과 산발적 수출기업들은 수출마케팅 상담서비스였다. 이러한 분석내용을 토대로 그들은 ① 지원 프로그램의 목표가 무엇인지를 명확히 할 것, ② 수출 발전단계에 따라 다른 시장을 목표로 제시할 것, ③ 기업의 수출단계마다 달라지는 '필요에 따른(need-based)지원'을 할 것, ④ 연방 정부, 州정부, 기타 이해단체마다 중복되는 수출지원을 정리하여 통일할 것, ⑤ 수출관련 프로그램을 활성화할 것, ⑥ 상무부의 기존 서비스프로그램을 더욱 활성화할 것, ⑦ 수출지원 프로그램의 이용이 보다 용이하도록 할 것 등을 정책적 시사점으로 提示하였다.

Moini(1998)는 미국 위스콘신주의 296개 중소기업을 대상으로 정부 수출지원 프로그램의 효과에 대하여 연구하였다. 연구결과 정부의 수출지원 프로그램에 대하여 기업들은 그 일부분에 대해서만 존재 여부를 알고 있으며, 지원 프로그램의 이용도는 기업의 수출경험이 많을수록 높고 기대하는 지원 내용도 다양한 것으로 나타났다. 분석결과를 토대로 Moini는 정부의 효율적인 수출지원을 위해서는 ① 기업들에 대한 정부 수출지원 프로그램의 적극적인 홍보, ② 무역사절단을 통한 해외 시장 방문과 같은 다양한 수출촉진 프로그램의 확충, ③ 외국어 교육, 수출실무교육 등을 위한 교육기관의 적극적 활용 등이 매우 중요하다고 주장하였다.

이상 수출지원방안 및 그 효율성과 관련한 연구들의 결과를 要約하면, 정부의 수출지원은 기업들이 가장 필요로 하는 부문에 집중될 때 효과가 크며, 이러한 부문은 외국어훈련, 유통센터 설립과 같은 서비스의 확충, 마케팅과 관련한 정보의 수집과 전파, 다양한 수출 프로그램의 운용과 이에 대한 홍보 등이라는 것이다.

第3節　輸出函數推定에 의한 輸出變動의 要因에 관한 연구

　　수출입함수 추정을 통해 수출입에 영향을 미치는 요인을 분석한 연구는 분석대상 변수의 선정과 분석대상이 되는 산업에 따라 연구결과가 달라진다. 크게 보아 수출입함수의 모형은 전체 산업을 대상으로 하는 巨視模型과 산업별 또는 주요 품목들을 대상으로 하는 微視模型으로 구분된다. 거시모형은 국내외 경제여건 변화의 효과를 거시적이고 종합적으로 파악하고자 하는 것으로, 자료 수집상의 측정오차나 모형 설정상의 오차를 줄일 수 있다는 장점이 있다. 그러나 母數(parameters)나 결정요인이 산업별로 다른 경우에는 추정치가 偏倚(aggregation bias)를 띄게 되므로 산업별 무역 행태의 특성이나 산업구조에 미치는 영향을 분석하는 데 제약이 따른다. 이러한 미비점을 보완할 수 있는 것이 산업별 또는 주요 품목별로 수출입함수를 추정하는 미시모형이다. 미시모형을 이용하여 수출입함수를 추정할 경우 통계자료의 측정오차에 따른 영향이 크고 모형의 설명력이 다소 낮아지는 문제점은 있으나, 상대가격이나 소득변수, 기타 경제변수에 대한 산업(품목)별 영향을 보다 정확하게 파악할 수 있고, 산입(품목)별 특성에 적합한 수출입모형을 추정할 수 있는 장점이 있어 보다 유용한 수출입행태 분석이 가능하다. 수출입함수 추정을 통한 우리나라의 수출변동 요인 연구는 다수가 있는데 이 중 주요 연구의 내용을 요약하면 〈표 Ⅳ-1〉과 같다.

〈표 Ⅳ-1〉 수출함수 추정에 의한 수출입변동 요인 연구의 요약

연구자 (연구시기)	분석대상 기간 (대상산업)	연구대상	사용변수	주요 연구결과
申世敦 (1986)	1977~1984 (9개 제조업)	소득, 환율, 국내가격의 변화가 수출에 미친 영향	종속변수: 수출금액 독립변수: 원/달러 환율, 국내가격지수, 수출산업 의 가동률	·外生的변화 발생 시 중 화학공업품은 가격조정 속도가 빠르나 경공업품 은 느림 ·수출가격결정에는 국내 가격과 환율의변동이 중 요한 역할을 함
鮮于奭皓 申鉉秀 金美淑 (1989)	1965~1979 1965~1986 1977~1986 (전체 산업)	수출보조금이 수출에 미친 영향	종속변수: 수출물량 독립변수: 수출규모, 수 출가격지수, 수출대상국 의 대미 달러 환율, 수출 경쟁국의 대미 달러 환 율, 수출금융보조율, 조 세감면보조율	·수출금융은 대상 기간 모두 수출에 正의 효과 를 보임 ·조세감면은 1979년 이전 기간은 수출에 正의 효 과, 1970년대 후반 이후 는 負의 효과를 보임
吳在權 鄭尙敦 (1991)	1980. 1/4~ 1990. 2/4 (전체 산업)	환율변동이 수출 및 국내 생산에 미친 영향	종속변수: 수출금액 독립변수: 원/달러 환율, 국내 생산비, 경쟁국수출 가격, 前期의 수출가격	·1986~1988기간 중 환율 절상은 대부분 수출가격 에 轉嫁됨 ·명목환율 1% 변동은 당 해 분기 중 수출가격 0.5%를 변동시킴
柳厚珪 (1992)	1981~1990 (20개 산업)	환율변동이 산업별로 수출에 미친 영향	종속변수: 수출금액 독립변수: 원/달러 환율, 국내도매물가 지수, 산업 가동률지수, 생산능력지 수, 선진국의 수입물량, 수출경쟁국의 대미 달러 환율, 임금지수, 생산지 수, 취업자지수	·환율변동은 종이·인쇄, 비금속제품, 석유화학제 품 수출에는 영향력이 비 교적 크나 섬유·가죽제 품 등의 경공업품에는 영 향력이 낮음 ·도매물가 변동은 금속제 품, 제재·목재품 수출에 민감하게 영향을 미침
金宗萬 (1994)	1975. 1/4 ~ 1992. 4/4 (전체 산업)	환율변동이 수출에 미친 영향	종속변수: 수출금액 독립변수: 수출물량, 수 입가격, 생산자물가, 노 무비, 이자율, 원/달러 환율, 엔/달러 환율	·환율변동은 당해 분기 및 차후 1분기에 걸쳐 수출가격에 영향을 미침 ·명목환율 1% 상승은 수 출가격을 0.421% 하락 시킴
朴賢姬 (1997)	1970~1995 (6개 산업)	무역금융의지원이 수출에 미친 영향	종속변수: 수출금액 독립변수: 원/달러 환율, 세계상대물가지수, 국내 도매물가지수, 실효무역 금융비율	·무역금융이 수출에 미치 는 正의 효과는 극히 미 미한 수준에 불과함

자료: 각각의 연구내용을 정리하여 연구자가 작성

第Ⅴ章 事後免稅에 관한 實態調査 결과

第1節 實態調査의 개요

1. 調査의 設計

本 조사(survey research)는 수출지원과 원재료의 輸入代替를 위해 1975년부터 시행하고 있는 사후면세제도인 관세환급에 대한 실태를 파악하기 위하여 행하였다. 조사의 목적은 本 연구의 주제인 수출지원을 위한 조세면제(환급)의 실태와 문제점, 향후 발전방향 등을 관세환급을 받고 있는 수출기업을 대상으로 직접 파악함으로써 연구에 활용함과 동시에 사후면세제도를 규정하고 있는 환급특례법을 改定함에 있어 참고할 자료를 얻는 데 두었다.

本 조사의 대상기업 選定과정은 다음과 같다. 먼저 관세환급제도를 활용하고 있는 전국의 수출기업을 母集團으로 하여 환급업무를 담당하고 있는 43개 稅關으로부터 관세환급실적이 상위에 있는 1,875개 수출기업의 명단을 추천받았다. 다음으로 추천된 수출기업 중에서 無作爲 추출방법으로 표본기업 500개를 선정하였고, 추출된 기업 중에서 조사에 불응하는 기업은 빼고 그 기업 수만큼을 마찬가지로 無作爲 추출하여 표본기업으로 추가 선정하였다. 선정된 500개 표본기업에 대한 설문지의 수집이 끝난 후 설문지 작성이 不實한 33개 기업을 제외하여 최종적으로 467개 기업을 표본으로 하였다.

本 조사의 母集團과 표본을 비교하면 〈표 Ⅴ-1〉과 같다.

〈표 Ⅴ-1〉 母集團과 標本의 비교

단위: 개, %

환급제도 이용기업 총수	세관의 추천기업 수(A)	표본기업(B)	B/A
9,979	1,875	467	24.9

자료: 실태조사 결과를 기초로 연구자가 작성

2. 調査의 실시

표본기업에 대한 자료수집은 조사의 내용이 환급제도 이용의 실태와 문제점의 파악에 중점을 두고 있으므로 被調査 대상자를 표본기업의 최고경영자나 幹部사원보다는 직접 환급업무를 담당하는 實務者로 하는 것이 바람직한 것으로 판단되었다. 이에 따라 먼저 조사대상 기업에 전화를 하여 관세환급업무를 담당하고 있는 실무자가 누구인지를 확인한 다음 실무자와 통화를 하여 조사의 취지를 설명하고 협조를 요청하였다. 다음으로 서울·경기지역의 일부기업에는 面接員이 직접 방문하여 면접대상자에게 설문지를 配布하면서 현장에서 記載하여 回收하였으며, 그 이외의 지역에 所在하는 기업에 대해서는 확인된 담당자 앞으로 설문지를 우편으로 발송한 후 기재가 완료된 설문지를 우편 또는 팩스를 통하여 회수하였다. 조사대상 기업의 현황은 〈표 Ⅴ-2〉와 같다.

〈표 Ⅴ-2〉 實態調査 대상기업의 현황

	기업규모별		업 종 별1)		수출금액 규모별			
	대기업	중소기업	경공업	중공업	250만 불 미만	250만 불~ 1,000만 불 미만	1,000만 불 ~5,000만 불 미만	5,000만 불 이상
대상기업 (467)	129	338	184	283	89	145	150	83

1) 세부업종별 조사대상 기업 수는 다음과 같다. 음식료품(12), 섬유·가죽제품 (147), 종이·나무제품(7), 기타 제조업(21), 화학제품(82), 석유·석탄제품(3), 비금속광물(5), 제1차 금속(21), 금속제품(20), 일반기계(23), 전기 및 전자기 기(100), 정밀기계(14), 수송장비(15)
자료: 실태조사 결과를 기초로 연구자가 작성

〈표 Ⅴ-2〉를 보면 조사대상 기업은 대기업이 129개 社이고 중소기업 기본법의 분류에 의한 중소기업이 338개 社이다. 업종별로는 경공업이 184개 社, 중공업이 283개 社인데, 이들 기업을 수출규모에 따라 구분 하면 수출규모가 零細하다고 할 수 있는 연간 250만 불 이하 수출기업 이 89개 社, 250만 불 이상 1,000만 불 미만, 1,000만 불 이상 5,000만 불 미만이 각각 145개 社와 150개 社이며 연간 5,000만 불 이상의 대 형 수출기업이 83개 社이다.

실문지의 내용은 ① 회사의 사입싱직, 규모 등 일반직 사항, ② 수출 과 환급실적의 내용, ③ 환급제도의 이용실태, ④ 관세환급과 관련된 비용의 발생내용, ⑤ 현행 관세환급제도의 문제점, ⑥ 환급제도의 개선 방향 등을 중심으로 49개의 문항으로 구성하였다.

조사가 실시된 시기는 1996년 2월 8일부터 3월 9일까지로 30일간이 었고 조사대상 時點은 1994년으로 하였다.116)

---

116) 本 조사는 연구자가 재직 중인 재정경제부(조사 당시 재정경제원)와 관 세환급행정의 집행기관인 관세청, 그리고 한국무역협회의 협조하에 수행 되었으며, 조사결과의 일부는 1997. 7 시행된 환급특례법의 개정(법률 제

第2節 調査結果의 분석

실태조사는 本 연구의 목적 외에 1997년의 환급특례법 개정에 참고할 자료를 얻기 위한 목적도 동시에 있었으므로 설문의 문항이 49개로 다양할 수밖에 없었다. 여기서는 본 연구와 관련 있는 문항의 조사결과를 중점적으로 분석하기로 한다.

1. 生產製品의 販賣經路와 還給業務의 처리

기업이 생산한 제품의 판매경로는 수출지원을 위한 면세제도의 선택과 관리에 큰 의미를 갖는다. 기업이 생산된 제품을 판매하는 경로는 크게 보아 內需로 국내 시장에 판매하는 경우와 海外로 직접 수출하는 경우, 그리고 해외로 수출할 물품을 생산하는 기업에 원재료 또는 완제품으로 국내 공급하는 세 가지 경우로 나누어진다. 조사대상 기업이 생산한 제품을 판매한 경로는 [그림 V-1]과 같다.

5197호)시 참고자료로 활용된 바 있다.

단위: 개, %

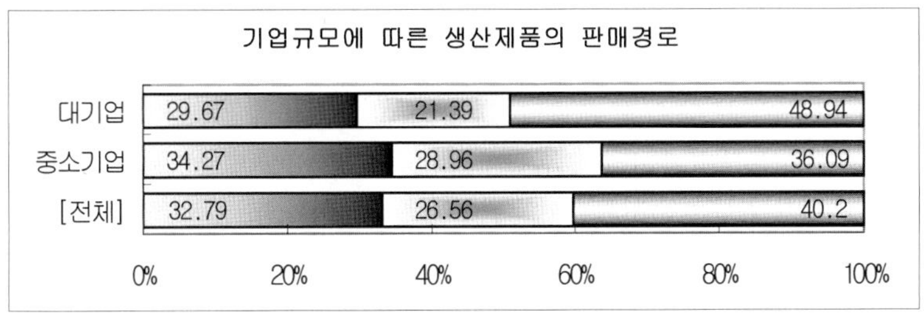

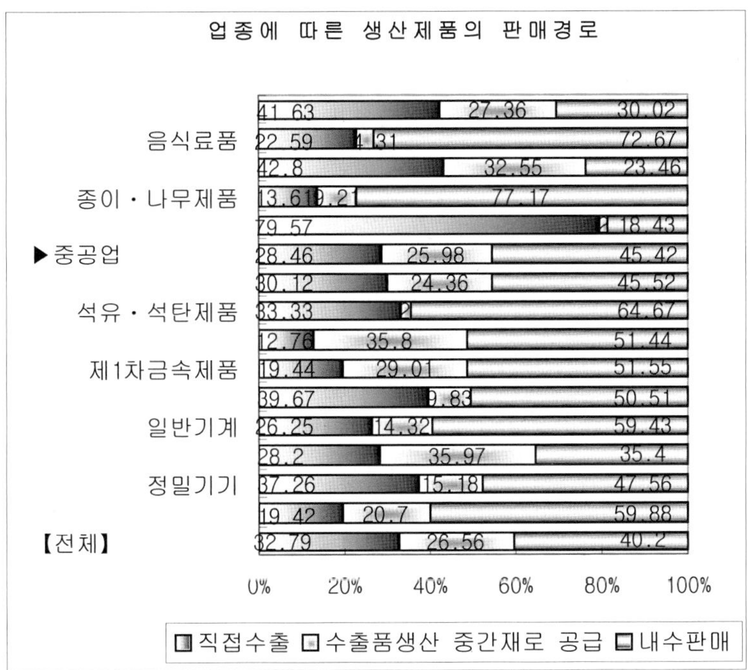

자료: 실태조사 결과를 기초로 연구자가 작성

[그림 Ⅴ-1] 生産製品의 판매경로

조사대상 기업은 [그림 Ⅴ-1]과 같이 대부분이 직접 수출과 내수판매, 수출물품 생산용 중간재로 공급을 동시에 하고 있는데 조사대상을 수출실적이 있는 기업으로 局限하였음에도 불구하고 내수판매의 비중이 직접 수출이나 수출중간재로의 공급보다 높게 나타나고 있다. 그런데 [그림 V-1]을 보면 수출과 내수판매, 수출중간재로 공급을 동시에 하는 비중은 전반적으로 중소기업이 대기업보다 높다.

업종별로는 섬유·가죽제품과 기타 제조업제품이 수출 비중이 높은 반면 종이·나무제품, 비금속광물, 제1차 금속, 수송장비 등은 낮아 중소기업이 주로 종사하는 업종에서 직접 수출의 비중이 높다는 것을 뒷받침하고 있다. 한편 전기 및 전자제품과 비금속광물제품은 중간재로의 공급 비중이 높아 이들 업종에서 원재료의 우회생산도가 높음을 보여주고 있는 반면에 음식료품, 기타 제조업, 석유·석탄제품 등의 산업은 중간재로 공급되는 비중이 매우 낮게 나타나고 있다. 업종 대신 수출규모를 기준으로 보면 500만 불 미만의 기업들은 직접 수출보다는 중간재로의 공급 비중이 높은 반면 500만 불 이상~5,000만 불 미만의 중견기업들이 가장 적극적으로 직접 수출을 하였다.

이러한 조사결과는 조사대상 기업의 특성상 전반적으로 생산제품을 수출하는 비율이 높게 나타났을 것으로 추정되지만, 그럼에도 불구하고 수출집약도가 대기업보다 중소기업이 높게 나타나고 있음은 기업의 규모와 수출집약도가 正(＋)의 관계에 있지 않다는 사실을 이탈리아 기업을 대상으로 실증분석한 Andrea Bonaccorsi와[117] 캐나다 기업을 대상으로 실증분석한 Jonathan L. Calf의 주장[118]이 우리나라에서도 타당할 수 있음을 뒷받침해주는 것이라 할 수 있다. 이 결과는 또한 조세상의 효율적인 수출지원이 중소기업에게 상대적으로 더욱 효과가 있을 것임을 示唆해 주는 것이기도 하다.

---

117) Bonaccorsi, Andrea, "On the relationship between firm size and exported intensity", <u>Journal of International Business Studies</u>, (4th Quarter, 1992), pp.605-635.
118) Calf, Jonathan L., "The relationship between firm size and exported behavior revisited", <u>Journal of International Business Studies</u>, (2nd Quarter, 1994), pp.367-387.

그런데 조세상의 수출지원제도를 활용하기 위해서는 반드시 기업 스스로가 조세면제(환급) 절차를 이행하여야 한다. 이를 위해서는 까다로운 稅法을 숙지하여야 하고, 각종 증빙서류의 구비와 소요량의 계산 등 복잡한 업무를 수행하여야 하기 때문에 해당 업무에 정통한 전문인력이 필요하다. 조사결과 환급업무를 전담하는 部署를 두고 있는 기업은 대기업의 경우는 22.7%에 달하였으나 중소기업은 3.6%만이 전담부서를 두고 있었다. 아울러 환급업무 담당사원의 수도 대기업이 평균 2.3명임에 비해 중소기업은 1.4명으로 중소기업의 전문인력 부족이 상대적으로 심각한 것으로 나타났다.

2. 還給과 輸出, 原材料의 輸入

〈표 Ⅴ-3〉은 조사대상 기업의 평균적인 수출과 환급, 그리고 원재료의 수입현황을 보여주고 있다. 〈표 Ⅴ-3〉에서 C/A는 수출금액 1불당 환급액을 나타내고, B/A는 수출용 원재료의 수입의존도를 나타낸다. 수출금액 1불당 환급액을 보면 전체적으로는 1불당 평균 6.75원이 환급되는 것으로 응답하였으나 이를 기업의 규모별로 보면 대기업이 5.6원임에 비해 중소기업이 21.5원으로 중소기업이 크게 높았다.

〈표 Ⅴ-3〉 수출과 환급현황

단위: 백만 불(수출입액), 백만 원(환급액)

	수출액(A)	원료수입액(B)	환급액(C)	C/A	B/A
대기업	485	155	2,718	5.6	0.32
중소기업	15	10	322	21.5	0.67
전　체	148	53	999	6.75	0.36
경공업	53	36	388	7.3	0.68
음식료품	28	16	205	7.3	0.57
섬유·가죽제품	61	30	443	7.3	0.49
종이·나무제품	14	6	62	4.4	0.43
기타 제조업	17	7	146	8.6	0.41
중공업	210	64	1,278	6.1	0.31
화학제품	287	38	1,092	3.8	0.13
석유·석탄제품	2,581	1,923	1,562	0.6	0.75
비금속광물제품	104	26	1,311	12.6	0.25
제1차 금속제품	45	5	1,591	35.4	0.11
금속제품	33	25	1,129	34.2	0.75
일반기계	51	8	1,045	44.7	0.16
전기·전자기기	224	28	1,465	6.5	0.12
정밀기기	13	5	919	70.7	0.38
수송장비	154	130	1,438	9.3	0.84

자료: 실태조사 결과를 기초로 연구자가 작성

중소기업의 환급액이 높은 것은 이들이 수입원재료를 단순 가공하여 수출하는 비중이 높기 때문인 것으로 보이는데, 이는 수입의존도(B/A)에 있어 대기업은 32%임에 비해 중소기업은 67%라 응답하고 있는 데서도 알 수 있다. 업종별로 보면 전체적으로 경공업의 환급액이 1불당 7.3원으로 중공업의 6.1원에 비하여 높다. 그러나 개별 산업에 따라 상당한 차이를 보인다. 예를 들어 정밀기기(70.7원), 제1차 금속(35.4원), 금속제품(34.2원) 등의 환급액은 상당히 높은 데 비해 석유·석탄제품의 경우는 0.6원으로 아주 낮다. 이는 석유·석탄제품의 원재료에 대한 관세율이 다른 원재료에 대한 관세율보다 상대적으로 낮았기 때문인 것으로 분석된다. 이에 따라 석유·석탄제품의 수입의존도는 0.75로 중공업의 평균적 수입의존도 0.31보다 크게 높은 것으로 조사되었음에도 불구하고 1불당 환급액은 낮게 나타난 것으로 보인다.[119]

〈표 Ⅴ-3〉에서 수출금액 1불당 환급액은 수출가격, 원재료의 수입의존도, 원재료의 투입비율, 원재료의 수입가격, 환율 등에 따라 달라지므로 산업에 따라 달라지고, 같은 산업일지라도 기업에 따라 그리고 시기에 따라 달라질 수밖에 없다. 수입의존도 또한 마찬가지로 원재료의 수입가격, 생산기술수준, 국내 원재료의 需給상황 등에 따라 산업과 기업, 시기에 따라 그 비율이 달라진다. 그러므로 특정 시기에 조사된 1불당 환급액 또는 수입의존도로서 사후면세인 환급이 수출에 어떤 의미를 갖는가를 판단한다는 것은 無理가 될 것이다.

3. 還給에 所要되는 費用

환급에 소요되는 비용의 파악과 관련하여 먼저 사후면세시스템인 관세환급에서 원재료 수입 시 관세 등이 징수된 후 징수된 관세 등을 돌려받는 환급까지 소요되는 기간을 보면 개별환급의 경우 평균 104.2일로 [그림 Ⅴ-2]에서와 같이 대기업이 120.6일, 중소기업이 97일이어서 중소기업이 23일 정도 짧다. 이는 대기업보다는 중소기업의 원재료 재고자산 회전기간이 짧은 데서 주로 기인하는 것으로 분석된다. 왜냐하면 이 차이는 주로 원재료수입에서 제조 및 수출까지 소요되는 기간이 대기업의 경우에는 64.5일이 소요되는 반면 중소기업의 경우에는 42일밖에 소요되고 있지 아니한 데서 발생하고 있기 때문이다. 이와 같은

---

119) 〈표 Ⅴ-3〉에서 수입의존도는 1994년이라는 특정 회계 연도를 대상으로 조사하였기 때문에 산업연관표에 의해 나타나는 수입의존도 추이와는 상당한 차이를 보였다.(第Ⅵ章 표 Ⅵ-13 참조)

환급소요기간을 중소기업만이 이용할 수 있도록 제한하고 있는 간이정액환급의 경우를 보면 93.7일로 약간의 차이가 있을 뿐이었다. 이것은 간이정액환급제도가 환급에 소요되는 기간 단축에 별다른 기여를 하지 못한다는 것을 말해주는 것이다.

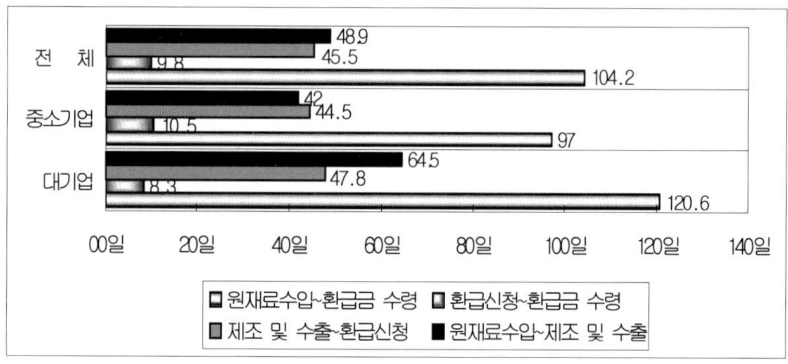

자료: 실태조사 결과를 기초로 연구자가 작성

[그림 Ⅴ-2] 관세의 징수~환급의 단계별 소요기간

관세 등을 납부한 후 환급받기까지 상당한 기간이 소요됨에 따라 이 기간 동안의 자금부담과 금융비용의 문제가 발생하게 되는데 이러한 자금문제를 해소하는 방법은 회사의 자체 운영자금으로 충당하는 경우가 조사대상 기업의 78.6%로 가장 많았으나, 은행 등 일반 금융기관을 이용하는 경우가 19.3%, 私債를 이용하는 경우가 0.6%였으며, 외국의 수입업자가 대신 부담하는 경우도 1.5%가 있었다.

사후면세인 환급은 第Ⅲ章 第2節에서 이론적으로 규명한 바에 따르면 환급비용이 발생함으로써 수입 시 부과·징수된 관세 등의 일부분만 면세되는 부분면세(減稅)의 성격을 갖고 이러한 부분면세의 특징으로 인해 사후면세가 사전면세에 비해 수출지원의 효과는 낮아지는 대신 원재료의 수입대체 요인이 될 수 있었다. 조사결과 환급비용은 주로 人件費, 기타 경비, 金融費用 등의 소요경비와 환급대상임에도 환급받지 못하는 금액부문에서 발생하였다.

〈표 Ⅴ-4〉는 환급과 관련하여 발생한 인건비와 기타 경비의 조사결과를 보여주고 있다. 〈표 Ⅴ-4〉에서 보는 바와 같이 소요경비의 총액은 대기업이 평균 2,950만 원, 중소기업이 508만 원으로 대기업이 훨씬 많으나 수출액에 대한 소요경비의 비율은 대기업이 0.101%로 중소기업의 0.188%보다 크게 낮은 수준이다.

〈표 Ⅴ-4〉 還給관련 所要經費(금융비용 제외)

	기업규모별		수출규모별				전 체
	대기업	중소기업	250만 불 미만	250만불~ 1,000만불 미만	1,000만 불~5,000 만불 미만	5,000만 불 이상	
평균소요 경비(만 원)	2,950	508	494	458	815	4,367	1,178
수출액대비 비율(%)	0.101	0.188	0.379	0.128	0.108	0.076	0.164

자료: 실태조사 결과를 기초로 연구자가 작성

수출규모를 기준으로 분석해 보면 수출액이 낮으면 낮을수록 소요경비의 부담이 높아진다. 이것은 대규모 수출업체보다는 소규모 수출업체가, 수출경험이 많은 업체보다는 신규 수출업체에 대하여 환급 혜택이 상대적으로 더 낮다는 사실을 말해 주는 것이다. 한편, 수출을 하였음에도 불구하고 당해 수출물품 생산에 소요된 원재료 수입 시에 징수된 관세 등을 환급받지 못한 금액은 〈표 Ⅴ-5〉와 같다.

〈표 Ⅴ-5〉 수출 후 還給對象임에도 환급받지 못한 금액

	기업규모별		수출규모별				전체
	대기업	중소기업	250만 불 미만	250만불~1,000만 불 미만	1,000만불~5,000만불 미만	5,000만불 이상	
평균 금액 (백만 원)	96.1	27.9	26.8	25.3	29.9	134.6	44.7
수출액 대비 비율(%)	0.329	1.033	2.057	0.707	0.396	0.234	0.622

자료: 실태조사 결과를 기초로 연구자가 작성

〈표 Ⅴ-5〉를 보면 환급포기금액이 중소기업은 2,790만 원임에 비해 대기업의 경우는 9,610만 원으로 대기업이 상당히 높다. 그러나 수출액에 차지하는 비중으로 보면 대기업에 비해 중소기업의 경우가 크게 높은 것으로 나타난다.

조사대상 기업들은 환급을 받지 못한 원인으로 환급시효기간(원재료 輸入日로부터 1년 6월)의 경과나 절차의 복잡을 가장 많이 지적하였고 그 외에 전문인력 부족, 기준소요량의 과소책정, 수출입신고필증의 기재착오, 수출입신고필증이나 기초원재료납세증명과 같은 증명서류의 未確保 등을 지적하였다.[120]

이와 같은 환급불능문제는 관세 등의 납부사실과 수출사실, 그리고 수출물품에 일정량의 수입원재료가 所要되었음을 서류상으로 입증하여야 환급이 허용될 수밖에 없는 사후면세제도하에서는 제도적으로 불가피한 성격의 것이다.

결국 〈표 Ⅴ-4〉와 〈표 Ⅴ-5〉에서 환급비용은 금융비용을 제외하고도 상당 수준으로 추정되고 있는데 이는 수출기업의 추가적인 부담으로서

---

120) 이 조사결과를 반영하여 1997년 환급특례법개정에서 환급의 시효기간을 2년으로 개정하였다.

수출상품의 가격경쟁력 低下의 원인으로 작용할 수밖에 없을 것임을
示唆하는 것이다.

4. 原材料의 輸入代替

우리나라가 관세환급제도를 시행하고 있는 주요 이유 중의 하나가
원재료의 수입대체 즉, 원재료의 국산화에 두고 있음은 第Ⅱ章과 第Ⅲ
章에서 이미 살펴본 바 있다. [그림 Ⅴ-3]은 기업규모별, 산업별로 원
재료를 수입하여 사용하는 이유를 보여주고 있다. [그림 Ⅴ-3]을 보면
관세환급제도로 원재료를 수입하여 사용하는 것이 국산 원재료를 사용
하는 것보다 불리함에도 불구하고 원재료를 수입하여 사용하고 있는
이유는 조사결과 외국산을 대체할 수 있는 적합한 국산 원재료가 없거
나, 있다고 하더라도 국산 원재료의 품질이 수입재에 비하여 떨어지거
나 아니면 국산 원재료의 가격이 상대적으로 높기 때문인 것으로 나타
나고 있다.

144

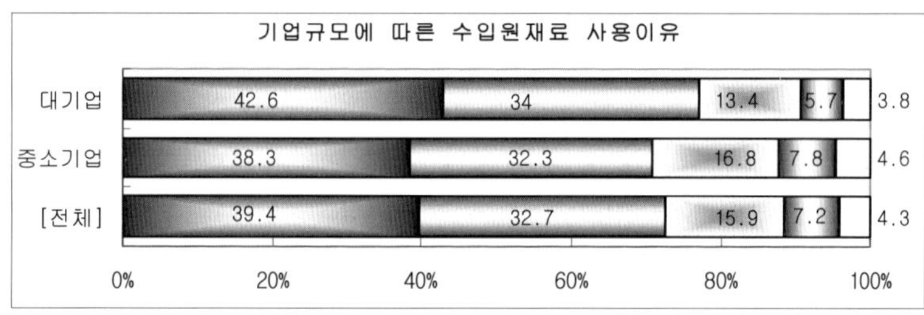

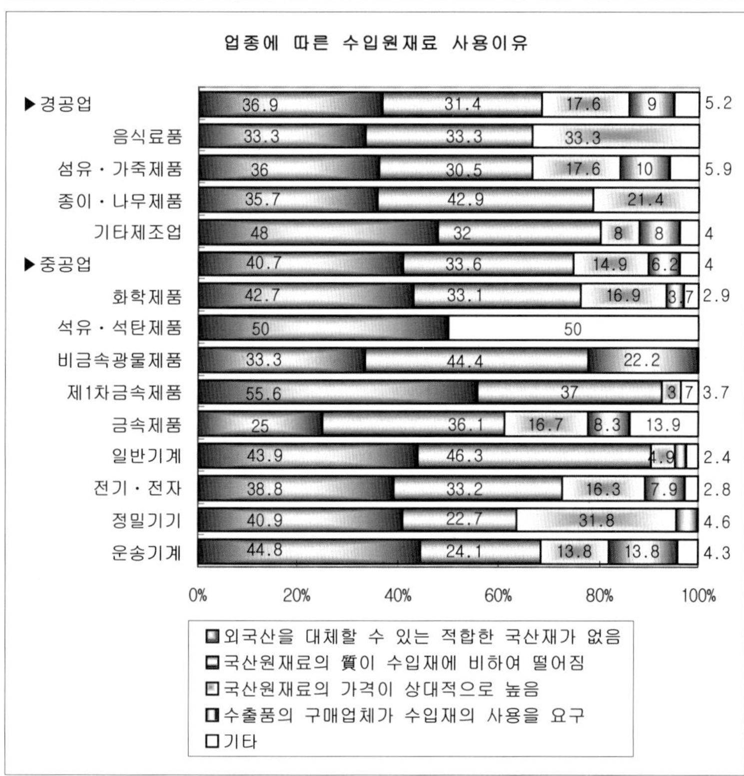

자료: 실태조사 결과를 기초로 연구자가 작성

[그림 Ⅴ-3] 輸入原材料를 사용하는 이유

 그 외에도 수출품의 구매업체가 수입재의 사용을 권장하거나 원재료 수입에 따른 관세 등의 자금부담이 크지 않은 것도 원재료를 수입에 의존하는 원인으로 작용하고 있다. 중소기업보다는 대기업이 외국산을 대체할 수 있는 적합한 국산 원재료가 없거나 국산 원재료의 품질이 수입재의 그것에 비해 떨어지기 때문에 수입원재료를 사용한다고 응답하는 비율이 높은데, 특히 제1차 금속과 석유·석탄제품, 기타 제조업에서 수입대체가 가능한 국산 원재료가 없는 경우가 많고 일반기계와 비금속광물제품, 종이·나무제품에서는 국산 원재료의 낮은 품질이 걸림돌이 되고 있는 것으로 나타나고 있다.

 [그림 Ⅴ-4]는 관세환급으로 인한 국산 원재료 사용의 증대 여부를 보여주고 있다. [그림 Ⅴ-4]를 보면 관세환급제도로 인하여 국산 원재료의 사용이 증대되었는지에 대한 평가 요청에 대하여 기업의 규모를 막론하고 전체적으로 57.2%가 증대되지 않았다고 응답하여, 증대되었다고 답한 41.1%보다 높게 나타났는데 대체적으로 대기업보다는 중소기업에서 관세환급의 원재료 국산 대체효과에 대해 더 否定的인 입장을 보였다.

단위: %

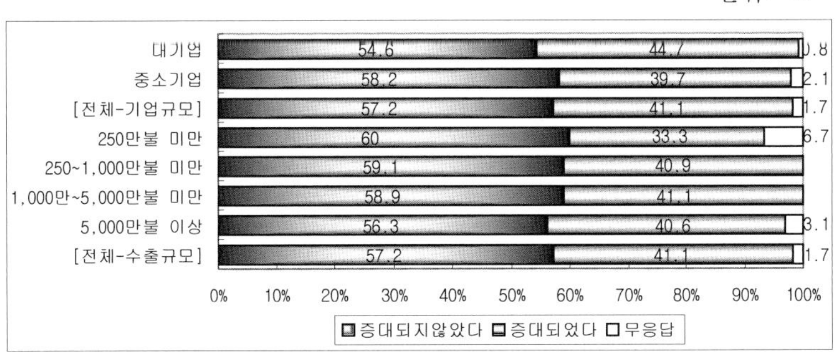

자료: 실태조사 결과를 기초로 연구자가 작성

[그림 Ⅴ-4] 관세환급으로 인한 국산 원재료 사용의 증대 여부

[그림 V-4]를 보면 수출규모가 낮을수록 관세환급제도의 원재료 수입대체효과에 대해 부정적인 데 반해 수출규모가 커지게 되면 원재료의 수입대체효과가 있다고 평가하는 것은 대규모 수출기업일수록 수입된 원재료를 국내에서 추가 가공한 중간재를 사용하는 비율이 높기 때문인 것으로 분석된다.

5. 還給制度의 改善方向

기업이 필요로 하는 바람직한 조세상의 수출지원방안이 무엇인지를 파악하기 위하여 현행 관세환급제도 이용 시의 애로사항이 무엇인지를 묻는 질문에 대하여 [그림 V-5]에서와 같이 구비서류가 복잡하다는 응답이 35.4%로 가장 많았다. 다음으로는 신청 등 환급절차의 복잡이 22.9%, 다수 제도의 亂立으로 인한 제도 선택의 어려움 등 환급제도의 복잡이 19.8%, 장기에 걸친 환급소요기간이 8.9% 등으로 지적되었는데 애로사항이 없다는 응답은 전체의 7.4%에 불과하였다.

단위: %

	구비서류의 복잡	환급절차의 복잡	환급제도의 복잡	환급에 장기간 소요	기타	애로없음
대기업	39.4	21.7	23.1	7.7	3.1	5
중소기업	33.8	23.3	18.1	9.4	6.8	8.3
[전체-기업규모]	35.4	22.9	19.8	8.9	5.7	7.4
250만불 미만	36.3	23.3	17.8	6.9	6.2	9.6
250~1,000만불 미만	31.4	24.6	17.8	12.7	7.6	5.9
1,000만~5,000만불 미만	34.1	21.8	18.4	11.7	6.2	7.8
5,000만불 이상	34.6	25.5	21.8	5.5	7.2	5.5
[전체-수출규모]	35.4	22.9	19.8	8.9	5.7	7.4

자료: 실태조사 결과를 기초로 연구자가 작성

[그림 V-5] 환급 시의 隘路事項

　　대기업과 중소기업이 느끼는 애로사항에 큰 차이는 없으나 환급규모가 큰 대기업 특히 수출규모가 1억 달러 이상인 기업이 서류구비에 더 어려움을 느끼고 있다. 이는 중공업과 같이 완제품 생산에 많은 종류의 원재료가 투입되는 품목일수록 환급을 위한 서류구비가 더욱 복잡해지기 때문인 것으로 보인다. 전체적으로는 제도와 절차, 서류 구비 등의 복잡함이 78.1%로 현행 환급제도의 복잡성이 많은 애로요인이 되고 있음을 알 수 있다. 이는 수출규모가 큰 대기업의 경우 대개 환급을 전담하는 부서가 있고 전문인력이 확보되고 있음에도 불구하고 서류 구비에 어려움을 호소하고 있는 것은 관세환급제도가 갖는 제도적 문제점이라 아니할 수 없는 것이다. 사후면세인 환급제도에 대한 代案은 무엇이 되어야 하느냐는 질문에 대하여는 〈표 Ⅴ-6〉에서 보는 바와 같이 수출용 원재료의 수입액이 많은 품목의 관세율을 대폭 인하하여야 한다는 응답이 44.3%로 가장 많았다.

　　다음으로 定額還給制度를 확대해야 한다는 응답이 18.7%, 還特稅率 대상품목을 확대 운영해야 한다는 응답이 17.9%, 보세공장제도 등 非還給對象을 확대해야 한다는 응답이 16.7%였다. 환특세율은 수입원재료의 비중이 높은 품목에 대하여 수입 비중에 해당하는 만큼 관세율을 引下한 다음 물품 수출 시에도 환급을 不許하는 제도이므로 결과적으로 수입되는 수출용 원재료에 대한 관세율의 인하를 代案으로 지적한 것이 전체의 62.2%를 차지하고 있는 셈이다.

〈표 Ⅴ-6〉 關稅還給制度의 代案

단위: %

주요수출용 원재료의 관세인하	기업규모별			수출규모별				
	대 기업	중소 기업	계	250만 불 미만	250만 불~ 1,000만 불 미만	1,000만 불~5,000 만 불 미만	5,000만 불 이상	계
정액환급 제도의 확대	46.6	43.4	44.3	41.4	44.5	44.2	43.1	44.3
환특세율 대상물품의 확대	18.1	18.9	18.7	25.5	15.8	16.3	17.5	18.7
보세공장제도 등 비환급대상의 확대	16.3	18.5	17.9	13.8	20.4	16.5	21.2	17.9
기 타	3.3	2.2	2.4	1.3	2.8	2.7	2.8	2.4

자료: 실태조사 결과를 기초로 연구자가 작성

환급제도에 대한 代案 제시에 있어 대기업과 중소기업, 수출규모에 따라 큰 차이가 나타나지는 아니하였다. 다만, 250만불 미만의 소규모 수출업체의 경우 정액환급제도 확대를 대안으로 제시한 경우가 25.5%로 높은 비중을 차지하여 수출규모가 적을수록 정액환급을 비교적 選好하고 있음을 보여주었다.

第3節 調査의 意義와 限界點

本 조사는 1975. 7 관세환급제도가 施行된 이후 제도 이용의 실태 파악을 위해 비교적 광범위하게 시행된 최초의 실태조사라는 점에서 상당한 의의가 있다. 또한 본 조사의 대상시점은 1994년이지만 관세환급제도가 시행되고 있는 한 제도의 운용에 따른 각종 조사결과는 조사

대상의 時點과는 관계없이 類似할 것으로 볼 수 있기 때문에 有用性이 높을 것으로 기대된다.

조사결과 조세면세의 수출증대와 원재료 수입대체의 효과를 이론적·실증적으로 분석함에 있어 현행의 관세환급제도를 이용하고 있는 수출기업의 제도 이용실태와 문제점의 認識, 그리고 관세환급제도 시행의 주요 이유인 원재료의 국산 대체와 관련한 효과를 수출기업 자신의 평가로서 파악할 수가 있었고, 아울러 수출기업이 보다 필요로 하는 조세상의 지원 방안이 무엇인지에 대한 示唆點을 얻을 수 있었다.

그러나 本 조사에는 다음과 같은 한계점이 있다. 本 조사의 母集團은 관세환급제도를 이용할 수 있는 전국의 수출기업으로, 표본 선정은 전국 43개 세관이 추천한 명단에서 無作爲로 抽出하였다. 다만, 세관에서의 추천기업이 환급실적이 있는 기업, 그 가운데서도 환급실적이 높은 기업을 대상으로 하였기 때문에 수출을 하고도 환급제도를 이용하지 않았거나 內需 판매만을 하고 있는 잠재적인 수출기업은 조사대상에서 제외될 수밖에 없었다.

표본의 選定을 환급실적이 있는 기업으로 한 것은 환급제도 이용에 대한 深度있는 실태파악을 위한 것이었지만, 그러나 이것은 潛在的인 환급제도 이용업체 또는 잠재적인 수출기업의 의견을 반영하지 못하였다는 한게가 있게 되었다.

第 Ⅵ 章 實證分析

本 章에서는 앞서 第Ⅱ章과 第Ⅲ章에서의 이론적 분석과 第Ⅳ章에서의 선행연구에 대한 검토 및 第Ⅴ章에서의 실태조사 결과를 토대로 수출지원을 위해 행해지고 있는 현행 사후면세제도 중 관세환급의 효과를 통계자료를 이용하여 실증적으로 분석하기로 한다.

수출지원을 위해 운용되고 있는 사후면세제도에는 第Ⅱ章에서 분석한 바와 같이 관세환급 외에 내국소비세도 別途의 절차를 거쳐 환급되고 있으나 第Ⅲ章의 분석결과에 따르면 내국소비세의 경우 수출에 미치는 영향은 관세환급의 경우와 그 방향이 類似하여 추정이 가능한 반면 원재료의 국산화효과와는 無關하므로 여기에서는 관세환급만을 분석의 대상으로 한 것이다.

실증분석의 중점은 관세환급제도의 두 가지 정책 목적 즉, 수출지원효과와 원재료의 수입대체효과이다. 관세환급의 이 두 가지 주요 기대효과는 第Ⅱ章의 [그림 Ⅱ-3]으로 분석한 바와 같이 효과의 발생원인이 서로 相異하고 효과발생에 영향을 미치는 변수들도 크게 다르기 때문에 분석방법도 다르게 접근할 필요가 있다. 따라서 수출지원효과는 수출함수추정 방법을 통하여, 그리고 원재료의 국산화효과는 산업연관 분석 방법을 통하여 각각 분석하기로 한다.

第1節 輸出支援效果의 분석

1. 分析模型

本 節에서는 수출함수의 추정을 통하여 관세환급이 수출에 미치는 효과를 분석하기로 한다. 수출함수 추정에 의한 분석은 彈力性의 개념을 활용하여 사후면세(환급)가 수출에 미치는 변화정도를 분석함으로써 수출성과와의 관계 및 그 성과를 비교 또는 예측하고자 하는 것이다. 수출성과는 수출된 상품의 物量으로 파악하기도 하고, 수출 單價로 파악하기도 하나 本 연구에서는 이 두 가지의 종합결과인 수출금액으로 한다.[121]

수출함수 추정에 있어 탄력성접근법의 이용은 가격 또는 소득과 같은 요소의 변화에 따른 수출의 증감 여부를 분석하는 것으로, 各 재화에 대한 수요와 공급은 그 재화의 가격에 依存한다고 보고 이러한 요소의 변동에 따른 수출의 변동 방향과 그 정도를 측정하는 것이다. 수출가격 또는 物量에 영향을 미치는 변수에 대하여는 第Ⅳ章의 선행연구에서 본 바와 같이 연구자들마다, 그리고 연구의 주제에 따라 각기 다르게 파악하고 있으나, 수출금액은 수출상품의 수량 및 수출가격(單價)에 의해 결정되는 것이므로 다음 式(Ⅵ-1)과 같은 槪念的인 함수관계가 성립한다.

---

121) 거래되는 상품은 그 종류에 따라 물량의 측정단위가 중량, 용적, 수량 등으로 다양하여 일괄적인 집계가 불가능하다. 따라서 통상 수출물량은 수출금액을 수출단가지수로 나누어 간접적으로 산정하고 있다. 그러나 수출성과는 수출금액으로서 파악하는 것이 보다 합리적일 것이다.

$$XA = F(XQ, XP) ---------------(Ⅵ-1)$$

여기에서 XA: 수출금액

XQ: 수출수량

XP: 수출가격(단가)

式(Ⅵ-1)으로부터 수출금액을 설명하는 計量模型을 도출하기 위해서는 보다 구체적인 개념의 定立이 필요하다. 먼저, 수출수량 XQ는 수출수요가 시장에서 실제 거래로 이루어진 수량자료이다. 경제학적으로 어떤 상품에 대한 需要는 시장에서 균형가격과 수량이 결정되기 전에는 計量化가 어려운 개념이다. 따라서 실제자료를 이용하여 실증분석을 하기 위해서는 거래된 수량자료를 代用하는 것이 일반적이다. 우리나라 수출상품의 수요량을 결정하는 가장 중요한 요소는 우리나라 상품을 수입하는 국가의 수입규모와 우리나라 상품과 경쟁하는 다른 나라 수출상품의 가격수준이다. 一國의 輸入 규모는 그 나라의 소득 수준의 변동과 景氣 변동 등 여러 要因이 반영되어 나타나게 되는데 우리나라 상품을 수입하는 국가의 수입규모 변동은 우리나라 상품의 수출에 직접적으로 영향을 미치게 된다.

우리나라의 상품을 수입하는 국가는 약 160개국 이상이나 〈표 Ⅵ-1〉과 같이 분석대상 기간 중 上位 9개국에서 대체로 전체의 60% 이상을 수입하여 이들 국가의 수입규모가 특히 우리나라 상품의 수출규모를 결정하는 데 큰 영향을 주어 왔다.

〈표 Ⅵ-1〉 年度別·國家別 수출 비중

단위: %

년 도	국가별 수출 비중									합 계
	미국	일본	싱가폴	독일	홍콩	중국	영국	캐나다	프랑스	
1986	40.0	15.6	1.5	3.6	4.9	-	3.0	3.6	1.6	73.8
1987	38.7	17.8	2.0	4.2	4.7	-	3.2	3.1	0.8	74.5
1988	35.3	19.8	2.2	3.9	5.9	-	3.2	2.8	1.8	74.5
1989	33.1	21.6	2.5	3.4	5.4	-	3.0	3.0	1.4	73.4
1990	29.8	19.4	2.8	4.4	5.8	-	2.7	2.7	1.7	69.3
1991	25.8	17.2	3.8	4.4	6.6	1.4	2.5	2.3	1.6	65.6
1992	23.6	15.1	4.2	3.8	7.7	3.5	2.4	2.1	1.3	63.7
1993	22.1	14.1	3.8	4.4	7.8	6.3	2.0	1.7	1.1	63.3
1994	21.4	14.1	4.3	4.5	8.3	6.5	1.9	1.4	1.0	63.4
1995	19.3	13.6	5.3	4.8	8.5	7.3	2.3	1.4	1.2	64.7
1996	16.7	12.2	5.0	3.6	8.6	8.8	2.5	0.9	0.9	59.2
1997	15.9	10.8	4.3	3.5	8.6	10.0	2.9	1.1	1.0	58.1

자료: IMF, "IFS"및 한국무역협회, "KOTIS"(1999)자료로 연구자가 작성

〈표 Ⅵ-1〉을 보면 분석기간 동안 특히 1990년대 들어 수출대상국이 多變化되면서 미국과 같이 지속적으로 그 비중이 낮아진 국가가 있는가 하면, 중국과 같이 비중이 급증한 국가도 있으나 전체적으로는 이들 국가에 대한 수출이 總 수출의 60%를 상회하고 있다.

한편, 우리나라 상품과 경쟁하는 국가의 수출상품가격 騰落도 외국으로부터 우리나라의 상품에 대한 需要量을 결정하는 데 중요한 변수로서 작용한다. 우리나라 상품과 경쟁을 하는 주요 국가는 한국무역협회가 매년 실시하는 수출기업 실태조사에 따르면 1980년대에는 주로 일본, 홍콩, 싱가포르, 대만 등이었으나 1990년대에 들어서는 이들 국가 외에 중국과 동남아 일부 국가도 경쟁의 대상으로 추가되고 있는 것으로 나타나고 있다.[122]

다음으로 수출상품의 가격에 영향을 미치는 요소를 보기로 한다. 수출상품의 가격에 영향을 미치는 요소는 多樣하지만 주요 요소로는 원화의 대미 달러 표시 환율과 엔/달러 환율, 그리고 本 연구의 主題인 수출관련 조세지원 등이 있다.

미 달러화는 우리나라 무역거래의 80% 이상의 결제에서 사용되고 있을 정도로 對外 결제의 수단으로 절대적인 위치를 차지하고 있다.[123] 따라서 원화의 대미 달러 표시 환율은 수출가격에 직접적인 영향을 미칠 수밖에 없다. 원화의 환율 변동 추이를 보면 1980년에서 1986년까지는 원/달러 환율이 漸進的으로 상승(원화의 平價切下)하였다가 1987년부터 1989년까지는 하락(원화의 平價切上)하였으며, 그 후 1994년과 1995년에는 안정세를 보이다가 1996년 이후 상승세를 보인 바 있다. 같은 기간 우리나라와 미국 물가의 상대적인 변동을 감안하여 산출한 실효환율도 비슷한 변동추이를 보였다. 이러한 환율의 변동은 우리나라 상품의 가격 경쟁력에 직접적인 영향을 미치는 것이다.

또한 일본 엔화의 가치변동은 수출품 생산에 있어 주요 부품 등 중간재의 상당 부분을 일본으로부터 수입에 의존하고 있고, 다른 한편으로는 세계 주요 시장에서 일본 상품과 우리나라 상품이 경쟁관계에 있기 때문에 우리나라 상품의 수출에 상당한 영향을 미치는 것으로 평가된다.

이상의 여러 요소들[124]을 變數로 확정하고 수출함수의 모형을 설정

---

122) 1997년 6월의 조사결과를 예로 보면 우리나라 수출기업이 경쟁대상국으로 인식하고 있는 국가는 일본(27%), 중국과 아세안(34%), 대만·홍콩·싱가포르(26%)로 나타났다. 한국무역협회, 수출산업실태조사, (1997. 6), p.2.

123) 1996년의 경우 총 수출의 89.1%가 미 달러화로 결제되었다. 한국은행, 조사통계월보, (1999. 5), p.114.

124) 그 외에 수출물품의 생산코스트와 관련하여 生産者物價와 人件費도 수출에 영향을 미쳤을 것으로 보고 변수로 택하여 모형분석을 한 결과, 이들 변수는 그 자체로서는 수출에 상당한 의미를 가지고 있었으나 다른 변수 특히 TSR 변수와의 共線性문제가 심각하여 모형에서 제외하였다. 또한 수출이 分期에 따라 변화를 보임을 고려하여 계절더미변수를 포함한 결

하면 式(Ⅵ-2)와 같다.

$$XA = a_0 + a_1 WI + a_2 CP + a_3 WR + a_4 YS + a_5 TSR + U - - - (Ⅵ-2)$$

$$a_1 > 0, \quad a_2 > 0, \quad a_3 > 0, \quad a_4 < 0, \quad a_5 > 0$$

여기에서

WI : 주요 수출대상국의 수입금액(미국, 일본, 싱가포르, 독일, 홍콩, 중국, 영국, 캐나다, 프랑스 등 9개국의 수입액을 우리나라 총 수출 중 해당국에 대한 수출점유비로 가중평균한 값)

CP : 주요 경쟁국(일본, 홍콩, 싱가포르) 수출가격지수

WR : 방화 표시 대미 달러 환율

YS : 엔/달러 환율

TSR : 수출관련 관세환급률

U   : 오차항(殘差)

式(Ⅵ-2)에서 $a_1 \sim a_5$는 수출금액과 관련 변수와의 탄력성 크기를 나타내는데, 이들의 부호는 다음과 같을 것으로 예상된다. 먼저, 추정계수 a_1은 주요 수출대상국의 수입규모 변화와 우리나라 수출과의 관계를 나타내는 것이다. 수출대상국의 총체적인 수입이 증가(감소)하면 우리나라 수출품에 대한 수요도 증가(감소)할 것이므로 이 계수의 부호는 正(+)일 것으로 기대된다. a_2는 주요 경쟁국의 수출가격 변화에 따른 우리나라 상품의 수출변화를 나타내는 것이다. 경쟁국의 수출가격이 높아질 경우 우리나라 수출품의 상대가격은 낮아지므로 수출은 증대될 것이다. 따라서 이 계수의 부호도 正(+)일 것으로 기대된다.

과 이들 변수의 p-value 값이 지나치게 높아 역시 모형에서 제외하였다.

a_3는 원화의 대미 달러 표시 환율과 수출과의 관계를 나타내는 것이다. 邦貨표시 환율의 상승(平價切下)은 외화 표시 수출상품의 가격을 낮추어 상품의 가격경쟁력을 높이고, 반대로 환율의 하락(平價切上)은 수출상품의 가격경쟁력을 낮추게 될 것이므로 이 계수의 부호는 正(+)일 것으로 기대된다. a_4는 엔화와 대미 달러 간의 환율의 변화를 나타내는 것이다. 엔화의 대미 환율 상승(엔화의 평가절하)은 일본 수출상품의 국제 가격경쟁력을 높이게 되어 우리나라 상품의 수출을 어렵게 하는 요인이 된다. 반면 원재료의 수입가격은 낮아지므로 對日 원재료의 수입의존도가 높은 우리나라 상품의 수출을 촉진하는 요인이 될 수도 있다. 여기서는 일본 상품의 국제경쟁력 향상 측면을 중시하여 이 계수의 부호는 負(−)일 것으로 기대한다. a_5는 수출과 관련한 관세환급의 수출과의 관계를 나타내는 것이다. 관세환급은 수출가격을 낮추는 등 수출을 지원하기 위해서 행해지는 것이므로 예상되는 부호도 正(+)이 될 것이다.

　수출함수 추정에 의한 분석의 대상 기간은 1986년 1/4분기부터 1997년 1/4분기까지 12년간이다. 분석의 기간을 이와 같이 한 것은 本 연구의 분석에 필요한 자료상의 제약 때문이다. 수출지원을 위한 관세환급의 실적 자료는 關稅연감 등을 통해 전반적인 규모는 公表되고 있으나 업종별 또는 분기별 자료는 따로 集計하여 公表되고 있지 아니하며, 관세청 등 정부 기관이 내부적으로 보관중인 조세환급과 관련된 자료들을 조사한 결과 1985년 以前 기간의 자료는 자료 자체의 不實 등 문제가 많아 사실상 활용이 불가능한 상태였다.

　한편 本 연구에서 실증분석의 대상으로 한 산업은 〈표 Ⅵ-2〉와 같이 경공업 4개 업종과 중공업 9개 업종으로 총 13개 업종이다.

〈표 Ⅵ-2〉 분석대상 산업

경 공 업	중 공 업
음식료품, 섬유·가죽제품, 종이·나무제품, 기타 제조업 (4개업종)	화학제품, 석유·석탄제품, 비금속광물제품, 제1차 금속제품, 금속제품, 일반기계, 전기·전자기기, 정밀기기, 수송기계 (9개 업종)

자료: 실증분석자료를 기초로 연구자가 작성

산업분류표상 분류되고 있는 산업은 이보다 좀더 多樣하지만 본 연구의 목적을 고려하여 수출 또는 관세환급 실적이 미미한 제1차 산품과 부동산 및 사업서비스업 등 非製造業은 분석대상에서 배제하였다. 이들 업종을 제외하여도 분석기간 동안의 우리나라 수출상품의 95% 이상이 분석대상 13개 업종의 생산품이므로[125] 분석상의 의의는 충분할 것으로 본다. 분석에 이용된 자료의 출처는 〈표 Ⅵ-3〉과 같다.

〈표 Ⅵ-3〉 변수와 분석에 사용된 자료의 출처

변수명	변수의 내용	자료의 출처
XA	수출금액	관세청 전산자료, 무역통계연감
WI	주요 수출대상국의 미 달러 표시 수입금액	IMF, "IFS", 한국무역협회, "KOTIS"
CP	주요 경쟁국의 수출가격지수	IMF, "IFS"
WR	방화 표시 대미 달러 환율	IMF, "IFS"
YS	엔/달러 환율	IMF, "IFS"
TSR	수출관련 조세지원율	관세청 전산자료

자료: 실증분석자료를 기초로 연구자가 작성

---

125) 한국무역협회, 무역연감, 1987-1998 각 년도.

〈표 Ⅵ-3〉의 자료는 대부분 公表된 자료를 사용하였으나 산업별 수출금액과 관세환급률의 경우는 관세청이 보관 중인 방대한 분량의 수출입 및 환급관련 전산자료(raw data)를 별도로 처리하여 얻은 것이다.

변수별로 자료의 내용을 보면 먼저, XA 변수는 13개 제조업의 분기별 수출금액으로 단위는 백만 원이다. WI 변수는 〈표 Ⅵ-1〉에서 파악된 9개국의 분기별 달러 표시 수입금액에 우리나라의 총수출 중 해당국에 대한 수출 비중을 加重値로 반영한 값을 이용하였다. CP 변수는 1995년도를 100으로 한 일본, 홍콩, 싱가포르의 분기별 수출가격지수이다. 우리나라 수출상품의 주요 경쟁국에는 그 외에 대만이 있고 1990년대 들어서는 중국과 일부 동남아시아 국가들도 경쟁의 대상이 되고 있으나 본 연구의 대상 기간과 자료입수의 어려움 등을 고려하여 이들 3개국의 수출가격지수를 변수로 사용하였다. WR 변수와 YS 변수는 각각 邦貨表示 대미 환율과 엔/달러의 名目換率이다. 환율에는 이를 算定하는 방법에 따라 名目換率과 實效換率이 있는데, 명목환율은 외환시장에서 실제 거래가 이루어진 통화의 교환가치 비율이라 할 수 있는 반면 실효환율은 명목환율에 국내외 물가를 반영한 것으로 간단히 표시하여 s를 邦貨表示 환율, p와 q를 각각 국내와 해외물가수준이라고 할 때 sq/p로 표시될 수 있다.[126]

실효환율은 다른 나라 통화의 환율 변동이 한 나라의 경제에 미치는 영향의 크기를 감안하여 환율수준을 加重平均하는 것으로 계산의 방법은 산출의 목적에 따라 여러 가지가 있다. 즉, 각국 통화와의 명목환율을 加重平均하여 명목실효환율(nominal effective exchange rate)을 산출할 수도 있고, 해당 국가와의 상대적인 물가변동을 감안하여 실질실효환율(real effective exchange rate)을 산출할 수도 있는 것이다. 소비자 물가를 사용하여 산출한 실효환율과 명목환율을 비교해보면 〈표 Ⅵ-4〉와 같다.

---

126) 姜鎬相, <u>외환론</u>, (서울: 법문사, 1997), p.282.

〈표 Ⅵ-4〉 실효환율과 명목환율의 변동추이(1993.1 = 100)

	1990	1991	1992	1993	1994	1995	1996
명목환율지수	89.146	92.369	98.326	101.100	101.197	97.145	101.324
실효환율지수	92.329	92.536	98.896	104.157	102.697	101.828	131.363

자료: IMF, IFS 자료 및 삼성경제연구소 내부 자료로 연구자가 작성

그런데 1975년부터 1992년까지 기간 동안 원화의 대미 달러 환율을 명목환율과 생산자물가실효환율, 소비자물가실효환율, 노무비실효환율, 생산원가실효환율 등으로 나누어 이들을 독립변수로서 수출가격의 변동을 연구한 金宗萬은[127] 우리나라 수출가격의 변동을 가장 잘 설명하는 환율은 실질환율이 아니라 명목환율이라는 결론을 내린 바 있다. 따라서 본 연구에서도 명목환율을 분석의 자료로 활용하였다. TSR 변수는 13개 제조업별·분기별 수출관련 관세의 환급률이다. 관세환급률은 분기별 관세환급액을 당해 분기의 총수출금액으로 나눈 값인 실효관세환급률로, 이와 같은 率의 算定은 WTO의 보조금 및 상계조치협정상의 보조금율의 계산과 동일한 방법인데 정부 지원율을 算定함에 있어 널리 사용되는 방법이다.[128]

2. 分析結果

本 節에서의 분석[129]은 TSR을 비롯한 독립변수가 종속변수인 수출금액에 미치는 효과를 보기 위한 것이므로 多重回歸分析을 통해 이를

---

127) 金宗萬, <u>환율운용과 수출경쟁력</u>, (서울: 한국조세연구원, 1994), pp.51-76.
128) 孫祥皓·尹在炯, <u>UR 보조금·상계조치협정 해설서</u>, (서울: 산업연구원, 1994), p.126-128.
129) 本 節의 분석은 SAS(Statistical Analysis System) 패키지의 프로그램에 의하였다.

검증하였다. 검증은 式(Ⅵ-2)로서 最小自乘法(OLS: ordinary least squares method)을 이용하여 행하였는데, 검증에 앞서 상기 回歸模型의 적합도에 대한 분석결과는 〈표 Ⅵ-5〉와 같다.

〈표 Ⅵ-5〉 회귀모형 적합도 분석결과의 요약

구분	자유도	평방합	평균평방합	F	Pr 〉 F	R^2
모델	5	2449827094.6	489965418.9	88.57	0.0001	91.92
잔차	39	215742646.1	5531862.7			
전체	44	2665569740.7				

자료: 실증분석 결과를 기초로 연구자가 작성

〈표 Ⅵ-5〉에서 F통계량 값은 88.57로서 매우 높게 나타나고 있고, 자유도(5, 39)의 F분포와 비교하여 볼 때 p값도 매우 낮으므로(p=0.0001) 歸無假說(모든 독립변수의 기울기가 0이다라는 假說)은 기각된다.[130] 또한 결정계수 R^2의 값도 91.92%로 설명력이 높게 나타나고 있다.[131]

[그림 Ⅵ-1]은 이 모형에 의한 예측의 정도를 그림으로 분석한 결과이다.

---

130) 歸無假說이 眞임에도 僞라고 잘못 판단하는 과오를 제1종의 오류(type 1 error)라 하고, 이 과오를 범할 위험의 크기를 유의수준(level of significance)이라 하여 α로 표기한다. 유의수준을 얼마로 할 것인가에 대하여는 연구의 성격, 연구자의 主觀 등이 개입되므로 보편타당한 기준은 없다. 그러나 보통 α=1%, 5%, 10% 등으로 정하는 경우가 많다. 朴廷寒, 尹英鮮, <u>현대통계학</u>, (서울: 다산출판사, 1997), p.272.

131) 연구하고자 하는 변수들 간 상관관계의 강도를 나타내 주는 것이 상관계수이고, 상관계수의 제곱을 결정계수라 한다. 이 결정계수는 설명력을 의미한다. 상관계수의 절대값이 0.2 이하이면 상관관계가 없거나 무시해도 좋은 수준이고, 0.4 정도면 약한 상관관계, 0.6 이상이면 강한 상관관계로 볼 수 있다. 채서일, <u>사회과학을 위한 조사방법론</u>, (서울: 학현사, 1997), pp.429-430.

162

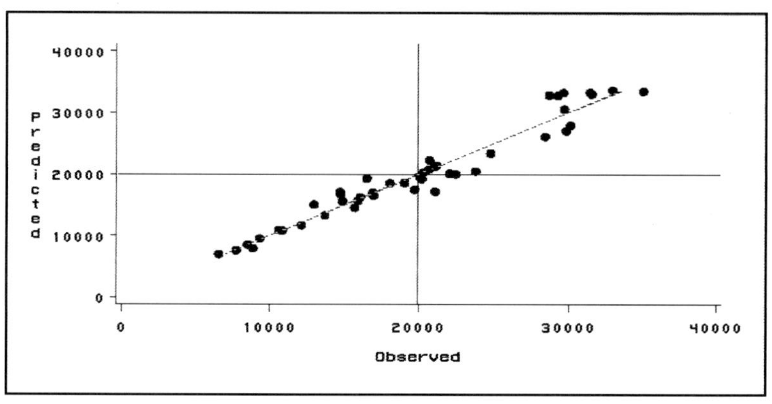

[그림 VI-1] 회귀모형에 의한 관찰치와 예측치의 분포

[그림 VI-1]에서 가로축에는 관찰치를, 세로축에는 예측치를 축으로 하는 좌표들을 나타내고 있는데, 이들 점들은 직선부근에 密集하고 있어 모형이 상당히 안정적임을 보여주고 있다. 다음으로 모형설정에 관한 주요 假定의 타당성 여부를 판단하기 위하여 殘差(residual) 분석을 실시하였다.[132]

[그림 VI-2]는 本 연구의 주제인 TSR 변수를 택하여 殘差의 독립성과 등분산성을 분석한 결과이다. 本 연구에서 사용한 자료와 같이 종단조사 (time series data)를 이용한 분석에서는 현재의 상태가 과거와 미래의 상태에 밀접한 聯關을 지니는 경우가 많다. 이를 自己相關(auto correlation) 또는 연속상관(serial correlation)이 있다고 하는데, 회귀분석에서 시계열의 관측값이 선행된 관측값에 의존하여 자기상관을 보일 때 즉, 관측값이 선

---

132) 殘差란 종속변수의 실제값과 回歸式에 의한 기대값과의 차이를 말한다. 多重回歸分析에는 ① 종속변수는 독립변수의 선형함수이다. ② 독립변수는 비확률변수이다. ③ 誤差의 기대값은 0이며 정규분포를 따른다. ④ 誤差는 서로 독립적이다. ⑤ 誤差는 동일한 분산(등분산성)을 갖고 있다는 기본가정이 前提되어 있는데, 殘差의 散布度 분석은 이러한 기본가정의 타당성 여부를 검토하기 위한 것이다. 임종원, 마케팅조사 이렇게, (서울: 법문사, 1997), pp.52-64.

행 관측값들과 회귀관계를 갖는 自己回歸(auto regression) 현상이 나타날 경우 중대한 오류가 발생하게 되는 문제점이 있는 것으로 알려져 있다.

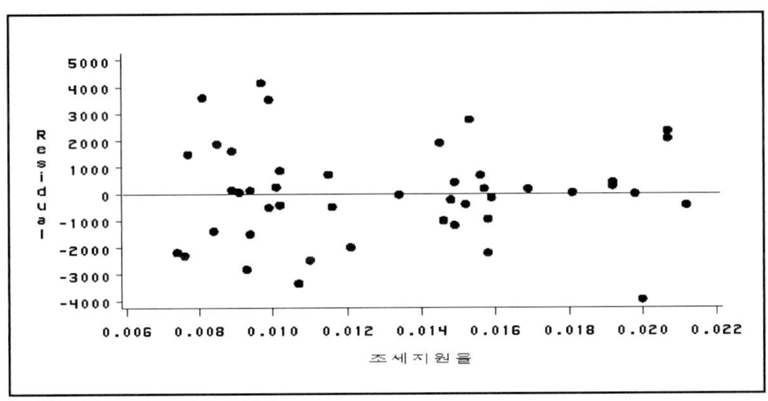

[그림 Ⅵ-2] 殘差의 분석결과(독립성과 등분산성)

그런데 [그림 Ⅵ-2]를 보면 점들이 回歸線 부근에 無作爲로 나타나고 있어 殘差들이 상호 독립적이라는 가정을 충분히 충족시키고 있는 것으로 해석된다. 연속상관의 정도와 관련하여 Dubin-Watson 통계량을 확인한 결과도 그 값이 1.401로 나타나[133] 역시 殘差들이 독립적이라는 가정을 충족시키는 것으로 해석되었다.

또한 회귀모형에서 誤差는 평균이 0이며 동일한 분산을 갖는다는 등분산성(homoscedasticity)을 假定하고 있는데 이러한 가정이 깨어진 경우 즉, 異分散性(heteroscedasticity)의 경우에는 독립변수의 값이 커질수록 잔차가 커지게 되는 문제가 발생한다. 그런데 [그림 Ⅵ-2]를 보면 관찰값들이 회귀선 주변에 無定型으로 분산되고 있어 등분산성의

---

133) DW통계량의 값은 0과 4 사이에 존재한다. 이때 검정통계량이 4에 가까울수록 음의 상관관계가, 0에 가까울수록 양의 상관관계가 있는 것으로 해석하며 2에 가까울수록 오차항은 독립적인 것으로 판단한다. 홍종선, SAS와 통계자료분석, (서울: 탐진, 1997), p.286.

가정도 타당하게 성립되고 있는 것으로 판단된다.

[그림 Ⅵ-3]은 殘差의 정규분포성에 대한 분석결과이다.

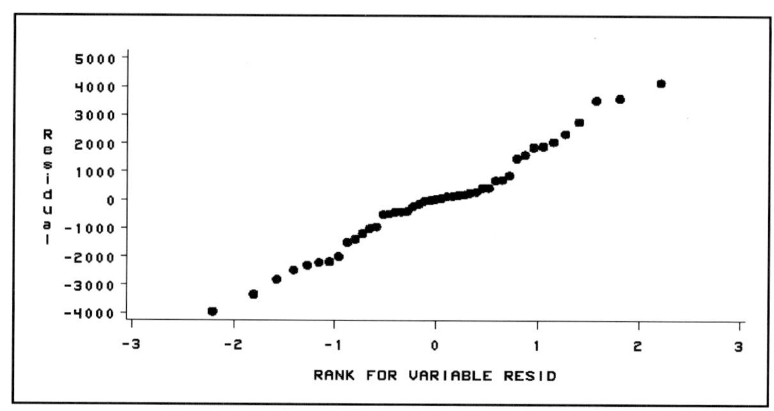

[그림 Ⅵ-3] 殘差의 분석결과(정규분포성)

정규성에 대한 기술통계적 방법으로는 몇 가지가 사용된다. 이 중 정규확률그림표(normal probability plot)에 의할 경우 관측값들이 정규분포를 따른다면 그림표에서 나타나는 점들도 직선에 가까운 형태를 이루며, 이런 직선의 절편은 대략 모평균 μ를 나타내고, 기울기는 σ의 추정량이 된다.[134]

[그림 Ⅵ-3]을 보면 분석결과는 직선에 가까운 형태로 나타나고 있어 관찰값이 정규분포에 가까운 것으로 보인다. 이상의 분석결과로 本 모형의 殘差는 독립성, 등분산성, 정규분포성에 관한 가정을 모두 만족시키고 있는 것으로 판단된다.

式(Ⅵ-2)로서 전체 산업을 대상으로 분석한 결과는 〈표 Ⅵ-6〉과 같다. 〈표 Ⅵ-6〉에서 먼저 多重回歸分析에서 흔히 발생할 수 있는 多重共線性 여부를 보기로 한다.[135] 회귀분석 시 사용하는 자료에 多重共

---

134) 홍종선, *op. cit.*, p.177.

線性이 존재할 경우에는 회귀계수의 분산이 커져 각 회귀계수를 검증
하거나 해석하는 것이 무의미해진다. 일반적으로 분석에서 분산팽창계
수(VIF: variance inflation factor)가 10보다 크면 이 회귀계수의 추정
량은 좋지 아니한 것으로 판단한다.[136] 그런데 〈표 Ⅵ-6〉를 보면 분산
팽창계수는 대체로 5.4 이하의 값을 나타내고 있어 변수 간에는 共分
散관계가 없이 안정적이라 해석된다.

〈표 Ⅵ-6〉 회귀분석결과의 요약(전체 산업)

변수명	추정치	표준오차	t	Pr 〉|t|	VIF
Intercept	-73413.00	14854.433	-4.942	0.0001	0.000
WI	0.004	0.001	3.651	0.0008	2.172
CP	703.712	94.944	7.412	0.0001	5.247
WR	14.512	6.616	2.193	0.0343	1.248
YS	28.287	37.733	0.750	0.4580	5.404
TSR	-244873.00	135848.729	-1.803	0.0792	2.578

자료: 실증분석 결과를 기초로 연구자가 작성

〈표 Ⅵ-6〉에서 통계적 의미를 살펴보면, 5개 각 변수의 검정통계량 t
값과 그 값에 따른 p의 값들은 α=0.1 수준에서 YS 변수를 제외하고
는 모두 유의한 것으로 나타나고 있다. 그런데 本 연구의 주제인 관세
환급은 수출에 負의 영향을 미치는 것으로 나타나고 있다. 각 변수가
수출에 미치는 영향의 정도를 보다 구체적으로 파악하기 위하여 표준
화계수를 사용하여 분석한 결과를 보면 〈표 Ⅵ-7〉과 같다.

---

135) 多重共線性이란 고전적 회귀모델의 기본가정 중 독립변수들 간에는 상관
관계가 없다는 가정이 깨어진 경우로서 독립변수들 간에 완전히 또는 상
당히 강한 상관관계가 있을 경우 발생한다. 채서일, *op. cit.*, p.469.
136) 홍종선, *op. cit.*, pp.379-380.

〈표 Ⅵ-7〉 회귀분석결과(표준화계수)

변수명	추정치	표준오차	t	Pr > |t|
Intercept	2.3536	0.0450	0.000	1.0000
WI	0.2451	0.0671	3.651	0.0008
CP	0.7734	0.1043	7.412	0.0001
WR	0.1116	0.0508	2.193	0.0343
YS	0.0793	0.1059	0.750	0.4580
TSR	-0.1318	0.0731	-1.803	0.0792

자료: 실증분석 결과를 기초로 연구자가 작성

〈표 Ⅵ-7〉을 보면 수출에 가장 큰 영향을 미치고 있는 것은 주요 경쟁국의 수출가격으로 나타나고 있다. 그 외 主要國의 수입규모도 상당한 영향력을 미치고 있는 것으로 나타나고 있는데 이에 비해 원/달러 환율과 관세환급의 영향력은 상대적으로 낮다. 또한 엔/달러 환율은 통계적으로 유의하지 못하다. 〈표 Ⅵ-7〉을 보면 표준화계수를 통한 분석에서도 다른 변수에 비해 그 크기가 상대적으로 작기는 하지만 관세환급이 수출에 負의 영향을 미치고 있다는 것을 보여주고 있다. 이것은 관세환급제도가 수출을 지원하기보다 오히려 수출을 沮害하고 있다는 것을 示唆해 주는 것이다. 이는 일반적인 상식과 다른 것이고, 앞서 第Ⅲ章의 이론적 분석결과 또는 다른 선행연구들이 이론적으로 주장한 바와도 相馳되는 것이다. 다만, 鮮宇奭皓 등(1989)의 연구에서 직접세의 면제를 통한 수출지원이 1970년대 후반 이후 수출에 負의 영향을 주었다는 분석결과 및 Lee(1995)의 연구에서 1963-1983 기간 동안 우리나라 정부의 보조금 지급, 조세혜택 등 인센티브가 오히려 성장의 저해요인으로 작용하였다는 분석결과와는 유사한 것이다.

관세환급은 Panagariya(1990)가 지적한 바와 같이 生産稅의 성격을 지니는 수출용 원재료에 대한 조세의 부담을 덜어주기 때문에 그만큼의 수출상품에 대한 가격상승요인을 제거해 주는 것은 분명하다. 그럼에도 불구하고 관세환급이 수출에 負의 영향을 미치는 원인에 대하여는 第Ⅲ章에서 분석되었고 第Ⅴ章의 수출기업 실태조사에서 구체적으로 확인된 '환급비용'의 존재와 이로 인한 자원배분상의 歪曲에서 찾을수 있을 것이다.

第Ⅲ章의 이론적 분석에서는 관세환급이 환급비용의 존재로 인해 수출상품에 대한 가격상승요인을 완전히 제거해 줄 수가 없고, 그 결과로서 실효보호의 구조상 수출보다는 오히려 內需산업을 보호(지원)하는 결과가 초래될 수 있는 것으로 분석되었다. 또한 第Ⅴ章의 수출기업 실태조사에서는 실제 수출기업의 환급비용이 금융비용을 제외하고도 상당한 규모로 발생하고 있는 것으로 나타난 바 있다. 관세환급은 근본적으로 정부가 수출용 원재료의 輸入過程에서 먼저 조세를 징수한 다음 수출을 이유로 이를 환급하는 것이므로 정부가 예산 등을 이용하여 수출에 대해 보조금을 지급하는 것과는 수출기업의 부담 측면에서 상당한 차이가 있다. 예를 들어 수출용 원재료에 대한 조세의 환급은 원재료 수입 시 이미 예견되는 것이므로 수출가격의 결정에 있어 이를 반영하게 될 것이나, '환급의 포기' 등과 같은 환급비용은 물품 수출 후 당초 예상과는 달리 환급을 받지 못하는 경우를 의미하므로 수출기업의 수익성을 해치는 요인으로 작용할 수가 있는 것이다.

결국 〈표 Ⅵ-7〉의 분석결과는 조세의 징수와 환급과정에서 발생하는 '환급비용'이 生産稅로서 작용하여 관세환급의 규모가 커지면 커질수록 수출에 미치는 負의 영향도 크게 될 수 있음을 시사해 준다. 만일 내국소비세를 포함하면[137] 第Ⅱ章 〈표 Ⅱ-16〉에서와 같이 1990~1997 연

---

137) 내국소비세의 경우 환급비용이 관세의 경우와 그 크기가 다를 수 있다. 즉, 조세의 징수에서 환급까지 소요되는 기간이 다르고, 절차 또한 다름에 따라 비용 발생에서 차이가 날 수가 있다. 또한 환급 포기금액의 수준도 관세환급의 경우와는 차이가 있을 것이므로 전체적인 환급비용이 다를 수 있는 것이다. 따라서 내국소비세 환급제도가 수출에 미치는 영향이 負일 것이라는 점은 분명하나 이러한 負의 크기는 관세의 경우와는

간 수출액 대비 총 조세환급비율은 내국세의 경우가 관세보다 크게 높으므로 이러한 負의 효과도 훨씬 클 것으로 추정된다.

관세환급의 효과를 13개 산업별로 세분하여 그 효과를 보면 〈표 Ⅵ-8〉과 같다.

〈표 Ⅵ-8〉 산업별 관세환급 효과분석 결과의 요약

업 종	추정치	표준오차	t	Pr > |t|
음식료품	-429.46	355.9	-1.21	0.2342
섬유·가죽제품	-13496.55	29541.5	-0.46	0.6501
종이·나무제품	-1132.15	382.9	-2.96	0.0050
화학제품	-27528.81	10876.7	-2.53	0.0151
석유·석탄제품	-1201.08	623.9	-1.93	0.0609
비금속광물제품	-21.64	40.5	-0.53	0.5958
제1차 금속제품	-10695.40	4170.0	-2.56	0.0139
금속제품	-2067.22	1303.6	-1.59	0.1201
일반기계	-10440.17	2748.1	-3.80	0.0005
전기·전자기기	-175245.91	77798.6	-2.25	0.0294
정밀기기	-377.95	163.4	-2.31	0.0256
수송기계	-28480.94	9800.4	-2.91	0.0058
기타 제조업	-415.39	1205.9	-0.34	0.7322

자료: 실증분석 결과를 기초로 연구자가 작성

〈표 Ⅵ-8〉를 보면 음식료품, 섬유·가죽제품, 비금속광물제품, 금속제품, 기타 제조업 등의 경우는 p의 값이 통계적 의미를 부여하기 어렵도록 높게 나타나고 있다. 그럼에도 불구하고 관세환급이 수출에 미치는 영향은 전반적으로 산업별로 상당한 차이가 있음을 보여주고 있다.

〈표 Ⅵ-8〉에서 모든 산업에서 관세환급은 수출에 負의 영향을 미치고 있음을 시사하고 있는데, 특히 전기·전자산업, 수송기계, 화학제품 등의 산업에서 상대적으로 부정적인 영향이 큰 것으로 나타나고 있다.

다르게 나타날 것으로 추정된다.

이들 산업에서 負의 영향이 크게 나타난 것은 환급비용 중 특히 환급 포기로 인한 부담이 큰 요인이 되고 있는 것으로 판단된다. 전기·전자기기산업과 수송기계산업은 상품생산에 소요되는 부품이 종류가 매우 다양하고, 화학제품의 경우는 제조공정상 소요량의 확인이 복잡하다는 특징이 있어 환급에 어려움이 있었을 것이기 때문이다.

　이번에는 관세환급이 수출에 미친 영향이 기업규모에 따라서는 어떻게 다르게 나타나는지를 보기로 한다. 기업규모에 따른 수출상품의 내용을 보면 〈표 Ⅵ-9〉와 같이 대체로 중소기업은 섬유·가죽제품과 기타 제조업제품을, 대기업은 비금속광물제품과 수송기계, 철강·금속제품을 수출하는 비중이 높다.

〈표 Ⅵ-9〉 업종별 총수출액 중 중소기업의 수출 비중

단위: %

	1992	1993	1994	1995	1996	1997	평 균
고무·가죽제품	66.1	55.3	57.1	60.7	59.8	67.4	61.1
섬유제품	64.4	68.4	71.5	73.8	74.2	73.9	71.0
생활용품	64.2	69.2	78.5	81.5	81.6	86.0	76.8
기타 제조업제품	91.8	90.0	91.0	92.5	92.2	90.6	91.4
화학공업제품	23.1	30.3	33.7	31.0	29.6	29.7	29.6
비금속광물제품	15.9	26.8	29.3	21.1	28.3	24.8	24.5
철강·금속제품	19.2	19.2	26.0	30.7	34.5	35.5	27.5
전기·전자기기	29.7	38.5	34.9	32.4	37.6	38.8	35.3
수송기계	22.3	22.8	20.9	21.3	27.9	31.6	24.5

자료: 중소기업협동조합중앙회, "중소기업현황", (1993-1998 각 년도)

　수출하는 중소기업을 위하여 外形上 법적, 제도적, 행정적으로 많은 지원제도가 있다. 第Ⅱ章에서 분석한 바 있는 사후면세에 있어 환급절

차의 간소화 등을 보장하고 있는 정액환급제도도 중소기업만이 이용할 수 있도록 제한하여 운용하고 있는 대표적인 조세상의 지원 제도 가운데 하나이다. 따라서 관세환급이 수출에 미치는 긍정적 효과는 대기업이 그 상품을 주로 수출하고 있는 산업의 경우보다 중소기업이 주로 그 상품을 수출하고 있는 산업의 경우가 더 크게 나타나야 마땅할 것이다.[138]

〈표 Ⅵ-10〉은 중소기업이 주로 수출하는 산업을 A群(섬유·가죽제품, 기타 제조업)으로 하고, 대기업이 주로 수출하는 산업을 B群(수송기계, 제1차 금속제품)으로 하여 관세환급이 수출에 미친 효과를 분석한 결과이다.

〈표 Ⅵ-10〉 기업규모에 따른 관세환급효과의 분석결과 요약

업 종	추정치	표준오차	t	Pr 〉|t|
A群	-14632.63	3773.0	-3.88	0.0002
B群	-1462.94	298.3	-4.90	0.0001

※ A群(중소기업이 주로 수출하는 산업: 섬유·가죽제품, 기타 제조업)
　 B群(대기업이 주로 수출하는 산업: 수송기계, 제1차 금속제품)
자료: 실증분석 결과를 기초로 연구자가 작성

〈표 Ⅵ-10〉을 보면 어느 경우에 있어서나 관세환급이 수출에 미치는 영향은 負로 나타난다. 그러나 負의 영향의 크기는 대기업이 주로 수출하는 산업인 B群의 경우보다 중소기업이 주로 수출하는 A群의 경우가 무려 10배 가까이 훨씬 더 크다. 이것은 외형상 관세환급에 있어

---

138) 〈표 Ⅵ-9〉의 업종구분은 산업분류표상의 산업분류와 다소 차이가 있다. 산업분류표상의 분류로 본다면 〈표 Ⅵ-9〉의 고무·가죽제품과 섬유제품은 섬유·가죽제품으로, 생활용품과 기타 제조업제품은 기타 제조업제품으로 합해지고, 철강·금속제품은 제1차 금속제품과 금속제품으로 나누어지게 될 것이다.

중소기업을 더욱 지원하고 있는 것과는 달리 실제에 있어 관세환급제도로 인해 중소기업이 수출에 더 어려움을 겪고 있다는 것을 시사하는 것이라 할 수 있는 것이다. 이러한 결과가 나타나는 원인은 결국 第Ⅱ章 및 第Ⅴ章에서의 분석결과와 같이 환급업무를 효율적으로 수행할 수 있는 전문인력이 부족하다는 중소기업의 특징과, 개별환급금액보다 환급액을 낮게 책정, 운영하는 정액환급액의 수준, 환급과정에서 중소기업이 부담하는 상대적으로 높은 환급비용 등 제도운영상의 특성에서 기인하는 것으로 판단된다.

본 연구의 실증분석 대상 기간은 1986년 1/4분기에서 1997년 1/4분기까지로 1997년 말 우리나라의 외환위기 이후의 여건 변화가 반영되지 아니하였으나, 조세환급은 원재료를 輸入 또는 買入하는 時點에 부과·징수된 조세를 물품 수출 시 되돌려 주는 것이므로 구조상 외환위기 이후의 상황에서도 환급제도가 수출에 미치는 영향에 있어서 큰 차이가 없을 것으로 추정된다.

第2節 원재료 國産化效果의 분석

1. 分析模型

관세환급의 원재료 국산화효과 분석을 앞서의 彈力性 접근방법에 의하는 것은 바람직하지 않을 것으로 판단된다. 왜냐하면 원재료의 수입량 또는 수입금액 변동에 영향을 미치는 변수들은 관세율이나 환율, 해외물가와 같이 원재료의 수입가격에 직접 영향을 미치는 요소 외에 원재료의 신규 국내 생산 개시나 국산 원재료의 품질향상, 국산 원재료 사용에 따른 각종 인센티브의 제공 등에 따른 수입원재료의 국산 대체, 그리고 수출이나 내수경기의 변화, 기술개발에 따른 상품 생산에 있어서의 원재료 투입량의 변화, 수출과 내수를 포함하는 국내 생산 상품종류의 변화 등으로 다양하고 이러한 변수 중에는 측정이 매우 곤란한 요인도 포함되어 있기 때문이다. 또한 이와 같은 각각의 요인을 구분하여 요인별로 그 효과를 파악한다는 것이 현실적으로 불가능하다는 점도 문제가 된다.

따라서 本 연구에서는 제조업의 산업연관분석(inter-industry analysis) 방법[139]을 통하여 전반적인 원재료의 국산화추이를 환급과 연관하여 분석하기로 한다. 산업연관분석은 一國의 국민경제 각 산업에서 생산된 재화 및 서비스가 다른 산업의 생산을 위한 원재료로 투입됨으로써 산업들이 직·간접으로 서로 밀접한 연관관계를 맺고 있음에 착안하여 산업 간의 연관관계를 수량적으로 파악하는 분석방법으로 行列(matrix)형식으로 기록한 산업연관표[140]를 통하여 이루어진다.

우리나라의 산업연관표 작성은 1958년에 당시의 부흥부가 1957년 및 1958년의 산업연관표를 작성하면서 비롯되었는데 그 후 한국은행이 중심이 되어 1963, 1966, 1970, 1975, 1980, 1985, 1990, 그리고 1995년의 實測表와 1968, 1973, 1978, 1983, 1986, 1987, 1988, 1993년의 延長表가 작성되어 활용되어 왔다. 산업연관표를 이용하면 각 상품 또는 산업의 생산에 투입된 원재료 중 수입원재료의 비율과 국산 원재료의 비율을 측정할 수 있다. 국민경제를 구성하고 있는 각 산업부문은 서로 다른

---

139) 이를 투입산출분석(input-output analysis)이라고도 한다.
140) 산업연관표의 작성은 1930년대 초 미국의 Wassily W. Leontief 교수에 의해 시작되었다. 그는 미국경제를 대상으로 모든 재화와 서비스의 흐름을 나타내는 경제표의 작성을 시도하여 1936년 "Quantitative input and output relations in the economic system of the U.S"라는 논문으로 발표하였다. 그 후 1939년을 대상으로 한 본격적인 산업연관표를 작성하고 그 분석결과와 함께 이를 1941년 "The structure of American economy"라는 책으로 발간하였는데, 이것이 오늘날 산업연관분석의 原典으로 널리 이용되고 있다.

산업부문으로부터 원재료, 연료 등의 중간재[141]를 구입하고 여기에 노동·자본 등 本源的 생산요소(primary inputs)를 결합함으로써 새로운 재화와 서비스를 생산하여 다른 산업부문에 중간재로 판매하거나 최종 수요자에게 소비재나 투자(자본)재로 판매하게 되는데, 일정 기간(보통 1년) 동안 국민경제 내에서의 재화와 서비스의 생산 및 처분과정에서 발생하는 모든 거래를 일정한 원칙에 따라 기록한 종합적인 통계표가 산업연관표이기 때문이다.

  분석에 앞서 먼저 수입의존도의 개념을 정리하고자 한다. 張權鎬 등 (1997)의 선행연구에서 논의되었듯이 特定 산업의 생산물에 대한 수요와 공급의 균형은 다음 式(Ⅵ-3)으로 표현할 수 있다.

$$C + X = M + Y \quad \text{또는} \quad 1 + X/C = Y/C + M/C - - - - (\text{Ⅵ}-3)$$

  여기서 C, X, M, Y는 각각 국내 수요, 수출, 수입, 국내 생산을 의미하는데 상기 균형식은 C와 X, 즉 국내 수요와 수출을 합친 총수요가 수입이나 국내 생산으로 공급됨을 의미한다. 그런데 j산업 재화에 대한 국내 수요를 충족시킴에 있어서 수입의존도를 MD_j라 하면 이는 다음의 式으로 표시될 수 있다.

$$MD_j = \frac{M_j}{C_j} = \frac{M_j}{Y_j + M_j - X_j}, \quad 0 < MD_j < 1 - - - - - - - (\text{Ⅵ}-4)$$

---

141) 산업연관표에서 "중간재"라는 지칭은 기초원재료와 완제품 생산을 위한 중간투입물을 포괄하는 개념이다. 本 연구에서 중간재의 의미도 이와 같다.

만약 국내 수요가 모두 수입으로 충당된다면 수입의존도는 1의 값을 갖게 되며 반대로 전량 국내 생산으로 충당된다면 이는 0의 값을 가질 것이다. 그러므로 관세 등에 의한 보호정책을 무시한다면 이 數値가 높을수록 수입에 대한 국내 산업의 경쟁력은 낮고, 반대의 경우는 경쟁력이 높은 것으로 해석할 수 있다.

그런데 수입되는 재화는 그 수요에 따라 상품의 생산과 관련되는 중간수요와 상품생산의 시설·장비와 관련되는 투자수요, 그리고 직접 소비와 관련되는 소비수요에 제공된다. 사후면세는 상품의 수출에 따라 이루어지는 것이므로 이 제도로 인한 원재료의 국산화효과문제는 이들 중 중간수요와 깊은 관련이 있고 소비수요 및 투자수요와는 직접적인 관련이 없다. 이제 국내 수요 C_j가 중간수요, 최종소비수요, 투자수요의 합이라 하고 이를 각각 N_j, L_j, I_j로 표시하면 式(Ⅵ-4)의 수입의존도 MD_j는 다음과 같이 다시 쓸 수 있다.

$$MD_j = \frac{M_j}{C_j} = \frac{M_j}{N_j + L_j + I_j} \ ----------(Ⅵ-5)$$

여기에서 중간수요와 소비 및 투자수요를 국내 공급에 의해 충족되는 부분과 직접 수입에 의해 충족되는 부분으로 나누어 각각 d와 m의 上添字로 구분하면 다음과 같이 정리된다.

$$N_j = N_j^d + N_j^m$$
$$L_j = L_j^d + L_j^m$$
$$I_j = I_j^d + I_j^m$$

그런데 $M_j = N_j^m + L_j^m + I_j^m$이므로 式(Ⅵ-5)는 다음과 같이 쓸 수 있다.

$$MD_j = \frac{N_j^m + L_j^m + I_j^m}{N_j + L_j + I_j} = \frac{N_j^m}{N_j}\frac{N_j}{C_j} + \frac{L_j^m}{L_j}\frac{L_j}{C_j} + \frac{I_j^m}{I_j}\frac{I_j}{C_j} - - - (\text{Ⅵ}-6)$$

여기에서 $\dfrac{N_j^m}{N_j}$, $\dfrac{L_j^m}{L_j}$, $\dfrac{I_j^m}{I_j}$ 는 각각 중간수요, 소비수요, 투자수요의 직접 수입의존도이고 $\dfrac{N_j}{C_j}$, $\dfrac{L_j}{C_j}$, $\dfrac{I_j}{C_j}$ 는 각각 해당 부문이 국내 총 수요에서 차지하는 비중이다. 통상 수입의존도 MD_j는 이 세 개 수입의존도의 加重平均으로 표시되지만 本 연구에서는 사후면세에 따른 원재료의 수입대체 효과를 분석하고자 하는 것이므로 $\dfrac{N_j^m}{N_j}$ 즉, 중간수요의 직접수입의존도의 분석에 중점을 두기로 한다.

우리나라에서 원재료의 수입대체 즉 국산화 촉진을 주요한 정책 목적의 하나로 하는 관세환급제도가 시행된 것은 1975년 7월부터이다. 따라서 본 절에서의 실증분석은 관세환급제도가 시행되기 전과 시행된 이후를 비교 분석하여 살펴볼 수 있도록 1970년부터 1995년까지 25년간을 그 대상으로 한다.

분석에 사용한 자료는 한국은행의 實測表인 1970, 1975, 1980, 1985, 1990, 1995년 산업연관표이다. 한국은행의 산업연관표는 작성시기에 따라 뷰류형태가 다소 다른데 本 節에서는 한국은행의 1995년 산업연관표상 부문분류 기준에 의하여 각 산업연관표의 산업분류를 28개 부문으로 재분류한 다음, 앞서 수출지원효과와 관련하여 분석대상으로 한 제조업 13개 부문을 대상으로 한다.[142]

---

142) 분류의 정도는 산업연관표의 작성시기에 따라 다음과 같은 차이가 있다.

연 도	1970	1975	1980	1985	1990	1995
기본부문	340	392	396	402	405	402
중 분 류	153	164	162	161	163	168
대 분 류	56	60	64	65	75	77
통합분류	-	-	19	20	26	28

1970~1995년간의 時系列的인 분석에 앞서 1995년 산업연관표로서 式(Ⅵ-3)의 공급과 수요가 어떻게 균형을 이루고 있는지를 〈표 Ⅵ-11〉을 통해 보기로 한다. 〈표 Ⅵ-11〉은 1995년 우리나라에서 생산되거나 수입된 재화를 판매(투입)의 측면에서 분석한 것이다. 〈표 Ⅵ-11〉에서 중간수요는 각 산업부문에서 생산활동의 중간재로 사용하기 위한 기업의 수요를 말하고, 최종수요는 가계에서의 소비와 기업에서의 投資(在庫 포함), 수출이 포함된다.

〈표 Ⅵ-11〉 산업별 財貨의 需要와 供給(1995년의 경우)

단위: %

	수 요				공 급	
	중간수요	최 종 수 요			국내 생산	수 입
		소 비	투 자	수 출		
음식료품	37.02	59.11	-0.05	3.92	88.99	11.01
섬유·가죽제품	34.33	25.36	0.24	40.06	85.20	14.80
종이·나무제품	88.76	5.10	0.35	5.79	78.49	21.51
석유·석탄제품	68.47	21.60	0.04	9.89	77.48	22.52
화학제품	73.21	10.95	0.62	15.22	81.20	18.80
비금속광물제품	94.54	2.57	0.07	2.82	92.37	7.63
제1차 금속	91.08	-0.04	-1.32	10.28	79.11	20.89
금속제품	66.78	5.87	13.10	14.25	93.62	6.38
일반기계	64.86	2.48	52.99	9.39	61.87	38.13
전기·전자기기	40.47	9.06	13.02	37.45	78.90	21.10
정밀기기	29.44	7.52	51.79	11.25	42.88	57.12
수송장비	33.01	12.69	31.45	22.85	88.54	11.46
기타 제조업	28.26	32.47	18.71	20.56	85.15	14.85

주: 비중(%)은 국내총수요(=총공급) 대비
자료: 한국은행, "산업연관표"(1995)를 토대로 연구자가 작성

〈표 Ⅵ-11〉을 보면 산업별로 수요와 공급이 어떻게 균형을 이루는지 알 수 있다. 한 예로 음식료품의 경우를 보면 국내 수요는 중간재로서 다른 상품의 생산에 소요되는 중간수요가 37.02%를 차지하고 있고, 직접적인 소비에 59.11%가 사용되는 반면 수출은 3.92%에 불과하다. 전체 수요를 충족시킴에 있어 국내 생산량은 전체 수요의 88.99%에 불과하므로 나머지 11.01%는 수입에 의존하고 있는 것이다.

〈표 Ⅵ-11〉을 통해 1995년 우리나라의 산업별 생산자립도 즉 국내 수요대비 국내 생산비율을 보면 정밀기기(42.88%)와 일반기계(61.87%)에서 그 비중이 낮고 금속제품(93.62%), 비금속광물제품(92.37%)에서는 그 비중이 높다. 수요의 성격을 보면 일반기계와 정밀기기 등 기계산업의 경우는 투자수요의 비중이 각각 52.99%와 51.79%를 차지하고 있어 투자재로서 사용되는 비중이 상당히 높은 편이나, 섬유·가죽제품과 전기·전자기기산업은 수출수요가 각각 40.06%와 37.45%로서 높은 수출지향적 구조를 갖고 있음을 알 수 있다.

〈표 Ⅵ-12〉는 式(Ⅵ-4) 내지 式(Ⅵ-6)으로 정리된 내지 수입물품 수요의 성격을 좀더 深度있게 파악하기 위하여 〈표 Ⅵ-11〉의 공급 중 수입을 통한 공급물품의 수요내용을 세분화하여 분석한 것이다. 〈표 Ⅵ-12〉를 보면 제1차 금속(99.07%), 종이·나무제품(97.35%), 화학제품(93.66%) 등은 수입품의 대부분이 타 상품생산에 필요한 중간수요에 충당되고 있다.

한편, 기타 제조업은 〈표 Ⅵ-11〉에서 전체적으로 수입의존도는 낮지만 수입품 중 소비수요의 비중은 〈표 Ⅵ-12〉에서 64.98%로 매우 높아 주로 소비재가 수입되고 있음을 알 수 있다. 이는 소비의 비중이 48.64%로 높은 음식료품의 경우도 같다. 반면 정밀기기와 일반기계의 경우는 투자수요의 비중이 각각 70.17%와 65.64%로서 壓倒的으로 높고, 수입의존도 또한 각각 57.12%와 38.13%로 높아 투자를 위한 자본재가 수입에 크게 의존하고 있음을 보여준다. 관세환급제도로 인한 원재료의 수입대체 여부와 직접 관련이 있는 중간재의 수입의존도를 보면 정밀기기(43.57%), 전기·전자기기(36.63%), 일반기계(29.04%), 섬유·가죽제품(28.54%) 등이 상대적으로 높은 편이다. 반면, 비금속광물(6.51%), 금속제품(6.84%), 음식료품(12.83%) 등은 비교적 수입의존도가 낮다.

<표 Ⅵ-12> 수입품의 수요현황(1995년의 경우)

단위: %

	중간수요	중간수요의 수입의존도	최 종 수 요		
			소 비	투 자	수 출
음식료품	51.51	12.83	48.64	0.21	0
섬유·가죽제품	71.17	28.54	27.64	2.09	0
종이·나무제품	97.35	22.27	2.29	0.36	0
석유·석탄제품	82.61	24.77	17.35	0.04	0
화학제품	93.66	22.27	6.02	0.32	0
비금속광물제품	87.79	6.51	9.46	2.75	0
제1차 금속제품	99.07	22.07	-	0.93	0
금속제품	77.76	6.84	15.01	7.23	0
일반기계	33.84	29.04	0.52	65.64	0
전기·전자기기	75.00	36.63	6.53	18.47	0
정밀기기	24.77	43.57	5.06	70.17	0
수송장비	49.39	15.10	4.25	46.36	0
기타 제조업	26.43	12.91	64.98	8.59	0

주: 비중(%)은 수입액 대비. 단, 중간수요의 수입의존도는 국내 총 중간수요에
　　대한 수입공급의 비중
자료: 한국은행, "산업연관표"(1995)를 토대로 연구자가 작성

　이것은 정밀기기와 일반기계, 전기·전자기기, 섬유·가죽제품 등의 중간재 산업이 상당히 취약하다는 것을 보여주는 것이다. 특히 수출집약도가 높은 섬유·가죽제품과 전기·전자산업에서 중간재의 수입의존도가 높은 것은 수출물품 생산에 소요되는 원재료가 내수용 물품 생산에 소요되는 원재료보다 더욱 수입에 의존하고 있다는 사실을 의미한다.

　수출물품 생산에 수입원재료를 사용하는 이유에 대하여는 第Ⅴ章의 [그림 Ⅴ-3] 실태조사 분석에서 외국산을 대체할 수 있는 적합한 국산재가 없거나 국산 원재료의 質이 떨어지는 것이 주요 원인이 되고 있는 것으로 나타난 바 있다.

2. 分析結果

　〈표 Ⅵ-13〉은 중간수요부문에서의 수입의존도[143](중간재수입액/총중간재수요액×100)의 변화추이를 제시하고 있다. 〈표 Ⅵ-13〉의 수입의존도는 수입물품에 부과·징수된 관세와 기타 내국소비세를 국내 총수요액과 수입액에서 除去하고, 같은 비율의 금액을 국내 중간재 수요금액과 수입 중간재금액에서도 공제한 다음, 수입중간재의 금액을 국내 중간재 총수요금액으로 나누어 산출한 값이다.

---

143) 물품수입 시 징수된 관세와 내국소비세를 제거하지 않고 중간재의 수입의존도를 산출하면 1985년 이후 전체 산업의 수입의존도는 하락하는 것으로 나타난다.(한국은행, 1995년 산업연관표, "1995년 산업연관표로 본 우리나라의 경제구조", p.5) 그러나 이는 관세와 내국소비세를 포함함에 따라 1980년대 후반 이후 年次的으로 관세율을 크게 인하한 데에서 기인한 것으로, 실제 중간재의 수입의존도 변화와는 다른 결과이다.

<표 Ⅵ-13> 중간재의 수입의존도 변화추이

단위: %

	1970	1975	1980	1985	1990	1995
경공업	14.30	15.92	14.03	12.71	14.93	18.19
음식료품	14.07	22.62	17.96	11.76	15.07	12.83
섬유·가죽제품	16.15	12.20	10.97	13.52	15.81	28.54
종이·나무제품	13.01	13.55	12.04	12.53	17.63	22.27
기타 제조업	-	22.41	18.03	18.16	4.54	12.91
중공업	30.99	26.06	22.16	22.71	22.38	22.53
석유·석탄제품	2.63	10.37	11.54	13.67	23.00	24.77
화학제품	36.96	30.47	22.27	23.80	17.63	22.27
비금속광물제품	-	-	4.80	7.46	7.19	6.51
제1차 금속제품	34.61	21.93	21.60	18.19	19.49	22.07
금속제품	46.17	16.83	18.66	16.20	8.55	6.84
일반기계	49.22	50.29	47.88	31.48	27.99	29.04
전기·전자기기	41.45	50.04	37.09	44.87	38.07	36.63
정밀기기	56.10	77.87	55.70	47.27	40.63	43.57
수송기계	48.46	22.82	-	29.72	14.14	15.10
제조업전체	24.11	22.93	19.87	19.98	20.50	21.64

자료: 한국은행, "산업연관표"(1970-1995 각 년도)를 토대로 연구자가 작성

이와 같이 관세와 내국소비세를 제거한 이유는 이러한 조세액은 수입물품에 부과되는 조세율과 免稅, 保稅 여부에 따라 달라지기 때문에 이를 포함할 경우 실질적인 중간재의 수입의존도가 파악될 수 없다는 점을 고려한 것이다.

<표 Ⅵ-13>에서 제조업 전체를 두고 보면 수입의존도가 1970년대에는 감소하였으나(24.11%→19.87%) 1980년대와 1990년대에는 완만하게 증가하는 추세에 있음이 나타나 있다.(19.87%→21.64%) 이러한 결과는 관세환급제도를 포함한 중간재의 국산 대체 노력이 그다지 성과를 거두지 못하고 있음을 의미하는 것이라 할 것이다.

　　그동안 우리나라가 시행한 중간재의 국산 대체 노력 중 대표적인 것이 기계류·부품·소재산업에 대한 국산화추진사업이다. 우리나라의 국산화 시책은 1962년 경제개발 5개년 계획과 동시에 시작되었으나, 1987년부터 시행된 제1차 기계류·부품·소재 국산화사업 5개년 계획을 시작하면서 본격화되었다고 할 수 있다. 이 국산화사업은 주요 산업부문별로 국산화추진 대상품목을 고시하고, 고시된 품목에 대하여 금융, 세제상의 지원과 기술·정보의 제공 등을 통해 국산화를 추진하였다. 1987~1991간 시행된 제1차 국산화사업에서는 총 4,542개 품목이 고시되었으며144) 1992~1995 상반기 중 시행된 제2차 국산화사업에서는 총 2,772개 품목이, 그리고 자본재전략품목 개발사업이란 이름으로 변경되어 1995 하반기~1999. 9 현재까지 추진되는 사업에서는 총 1,422개 품목이 고시되어 국산화를 추진해 왔다. 국산화를 위한 지원방법을 보면 금융상지원은 각종 자금을 低利로 지원하였고,145) 세제상의 지원에는 소득세(법인세)·특별소비세·관세·지방세 등의 감면, 세액공제, 특별감가상각, 損金인정제도 등이 이용되었으며, 그 외 전문연구기관이나 각종 기관, 단체의 기술지도, 기술정보의 제공 등이 병행되었다.

　　이와 같이 중공업에 집중된 기계류·부품·소재산업에 대한 국산화 추진 결과는 중간재의 수입의존도를 다소 완화시켰음에 틀림이 없다. 국산화가 숭섬석으로 추진된 일반기계, 전기·전자, 수송기계업종의 경우 1985년에 비해 1995년의 경우 수입의존도가 다같이 낮아지고 있음을 확인할 수 있기 때문이다.

---

144) 구체적인 산업별 고시품목은 다음과 같이 중공업에 집중되었다. 일반기계 및 동부품(1,677), 자동차부품(857), 조선기자재(233), 전기·전자(1,278), 소재(497).

145) 이와 같은 금융지원에는 공업발전기금, 산업기술향상자금, 중소기업특별자금, 기술개발자금, 중소기업기술개발자금, 수출·수입대체산업 시설자금, 창업조성지원자금, 벤처케피털자금, 국산기계구입자금, 중소기업제품 수요자 자금, 리스자금, 산업기반자금 등이 있다.

그런데 제조업을 경공업과 중공업으로 나누어서 분석해 보면 경공업의 경우 1970년대에는 뚜렷한 변화를 보이지 않았으나(14.30%→14.03%) 1980년 이후는 수입의존도가 증가하는 추세를 보인 반면(14.03%→18.19%) 중공업의 경우는 1970년대에는 수입의존도가 상당히 낮아졌으나(30.99%→22.16%) 1980년 이후는 큰 변화를 보이지 않고 일정한 수준을 유지하고 있다.(22.16%→22.53%)

〈표 Ⅵ-13〉을 실효관세율의 변화와 관련하여 관세환급에 의한 중간재의 수입대체 여부를 보기로 한다.

관세환급이 원재료의 국산화에 기여한다 함은 원재료의 수입에 대해 비용 즉, 환급비용의 부담을 줌으로써 수입을 억제시킨다는 것에서 비롯됨은 제Ⅱ장과 제Ⅲ장에서 이미 분석한 바 있다. 이는 결국 실효관세율을 환급비용만큼 상승시키는 것으로 바꾸어 생각할 수 있는 것이다. 따라서 환급으로 인한 수입대체의 효과를 그것 자체만을 분리하여 파악하는 것이 사실상 불가능한 점을 감안하여 수입중간재에 부과되고 있는 실효관세율 변화와 연관하여 분석하는 것이 바람직할 것으로 여겨진다.

〈표 Ⅵ-14〉는 수입중간재에 대한 실효관세율의 변화를 보여준다. 여기에서의 실효관세율은 관세법에 정해져 있는 명목관세율과는 달리 명목관세율에서 사전면세되거나 환급, 그리고 보세공장 등에 반입, 생산하여 수출함에 따라 保稅조치된 금액비율을 공제하여 산출한 것이다. 따라서 〈표 Ⅵ-14〉에서 1970년과 1975년의 경우는 수입금액에서 사전면세액과 보세액, 기타 감면액이 공제된 실질 관세징수액의 비율이고, 1980년 이후는 환급액과 보세액, 그리고 기타 감면액이 공제된 실질 관세징수액 비율이다.146) 그러므로 환급제도로 인한 국내 중간재 산업의 실질적인 보호율은 〈표 Ⅵ-14〉에 第Ⅲ章에서 분석된 환급비용(1-β)

---

146) 엄밀하게 구분한다면 관세환급제도가 시행된 시기를 기준으로 1975. 6월 이전의 경우와 1975. 7월 이후로 구분될 것이다.

중 환급대상임에도 환급받지 못한 금액 즉 환급포기금액을 뺀 나머지 人件費, 금융비용, 기타비용의 비율이 추가된 것이 된다. 수입물품에 대한 관세의 징수는 第Ⅲ章 第3節에서 분석한 바와 같이 해당 물품의 국내 생산을 보호하여 생산을 증가시킬 것이다.

<표 Ⅵ-14> 중간재에 대한 실효관세율의 변화추이

단위: %

	1970	1975	1980	1985	1990	1995
경공업	7.93	4.81	7.62	10.9	6.91	6.60
음식료품	13.57	6.51	6.91	9.53	7.37	13.19
섬유·가죽제품	2.36	1.34	8.90	13.69	7.39	2.95
종이·나무제품	7.88	9.38	7.30	7.09	5.76	5.14
기타 제조업	7.14	7.69	8.70	16.24	5.83	5.83
중공업	12.77	7.73	7.86	7.97	5.98	4.44
석유·석탄제품	23.30	5.32	3.79	2.17	1.63	1.69
화학제품	19.38	9.35	12.20	12.57	7.55	5.45
비금속광물제품	25.00	-	20.25	15.93	7.87	7.35
제1차 금속제품	10.59	7.46	4.98	6.17	4.31	3.67
금속제품	18.64	14.29	16.31	9.60	8.07	4.98
일반기계	6.62	7.27	7.71	7.86	8.04	5.66
전기·전자기기	10.72	6.69	7.42	6.82	4.45	10.20
정밀기기	31.03	11.11	-	8.80	6.84	5.40
수송기계	10.73	6.32	3.79	4.71	3.81	2.80
제조업전체	11.88	7.22	7.82	8.42	6.13	4.81

주: 비중(%) = 관세부담액/CIF수입액×100
자료: 한국은행, "산업연관표"(1970-1995 각 년도)를 토대로 연구자가 작성

<표 Ⅵ-14>를 분석해 보면 중간재에 대한 전반적인 실효관세율의 수준은 1970년보다 1975년이 상당히 낮아졌다가 그 이후 1985년까지 지속적으로 상승한 다음, 1990년 이후 큰 폭으로 낮아진다. 1990년 이후

184

실효관세율이 낮아진 것은 第Ⅱ章의 〈표 Ⅱ-17〉에서 본 바와 같이 명
목관세율이 1988년 이후 크게 낮아진 데 기인한다. 산업을 경공업과
중공업으로 나누어보면 경공업의 경우 1970년보다 1975년에 실효관세
율이 낮아졌지만 그 후 1985년까지 다시 상승한 다음 1990년대는 전체
평균보다 높은 수준이 유지되고 있다. 중공업의 경우는 1970년에서
1980년까지는 경공업보다 실효관세율 수준이 높아 중공업에 대해 높은
보호장벽이 설치되었음을 보여준다. 그러나 1985년 이후 중공업의 실
효보호율 수준은 큰 폭으로 낮아져 경공업보다 보호수준이 더욱 낮아
지고 있다.

산업별로 보면 음식료품의 경우에는 1975년 이후 전반적으로 실효관
세율 수준이 높아지고 있는 반면 석유·석탄제품과 금속제품은 지속적
으로 낮아지는 추세를 보여준다. 그런데 섬유·가죽제품은 1975년 이
전에는 실효관세율 수준이 매우 낮았으나, 그 후 1985년까지 상당히
높아진 후 다시 큰 폭으로 낮아지고 있고, 전기·전자기기의 경우는
1975년까지 낮아진 후 7% 내외의 수준을 유지하다가 1990년과 1995년
의 경우 일정한 추세라고 보기 어렵게 실효관세율 수준에 큰 차이를
보였다.

실효보호율의 변화추이를 보면 음식료품, 섬유·가죽제품, 기타 제조
업, 화학제품, 제1차 금속제품, 금속제품, 일반기계, 전기·전자기기 등
대부분의 업종에서 일정한 추세를 발견하기 어렵다. 우리나라의 명목관
세율은 1988년 이후 年次的으로 일정하게 引下되었음에도 중간재의 실
효관세율 수준이 이와 같이 非體系的인 변화를 보이는 것은[147] 本 실효

---

147) 우리나라 관세율은 1968년에서 1995년 사이 아홉 번 개정되었다. 각각의 경
우 평균관세율은 38.7%(1968), 31.3%(1973), 35.7%(1976), 24.9%(1978),
23.7%(1981), 22.5%(1983), 18.1%(1988), 11.4%(1990), 7.9%(1995)였다.
이를 보면 1976년 이후 관세율 수준은 지속적으로 인하되었다. 그럼에도 불
구하고 일부 산업 중간재의 실질보호율수준이 큰 변화를 보이는 것은 중간
재 품목 관세율운용의 亂脈과 면세 및 보세제도 등과의 운영상 不調和문제

관세율 수준에 직접 관련되는 중간재에 적용된 탄력관세 등 관세율의 문제와 이러한 관세율정책과 면세(사전 혹은 사후면세), 또는 보세제도 운영 간의 不調和와 관계가 깊은 것으로 보인다. 이와 같은 제도들이 일관되고 통합적인 정책 목표에 따라 조화 있게 시행되었다면 실효관세율 또한 일정하고 체계적인 변화추이를 보였을 것이기 때문이다.

앞서 第Ⅲ章의 이론적 분석에서 사후면세제도가 원재료의 국산화에 기여할 수 있는 가능성은 당해 원재료의 국내 생산이 內需用 물품의 생산에 필요한 양 이상을 생산하는 경우로 局限되었으나 여기에 더하여 이와 같은 관세율 정책 및 그 보조정책의 운영이 결부되어 환급제도가 가질 수 있는 원재료국산화에 대한 영향은 매우 제한적일 수밖에 없다. 실제로 〈표 Ⅵ-14〉와 〈표 Ⅵ-13〉을 비교분석 해 보면 그동안 20년 이상 시행되어온 관세환급제도가 원재료의 수입대체 효과를 통해 중간재의 수입의존도에 미친 영향은 상당히 제한적이었을 것이라는 추정이 가능하다. 그 이유를 요약하면 첫째, 관세환급제도의 기간이 길어짐에 따라 중간재의 수입의존도는 낮아져야 할 것이나 〈표 Ⅵ-13〉에서와 같이 1980년 이후 제조업 전반에서 중간재의 수입의존도는 오히려 지속적으로 높아지고 있고, 둘째, 1975년 이후 중간재에 대한 실효관세율 수준이 높아진 경공업의 경우에는(4.81%→6.60%) 오히려 수입의존도 또한 높아진 반면(15.92%→18.19%), 실효관세율 수준이 낮아진 중공업의 경우에는(7.73%→4.44%) 수입의존도 또한 낮아진 결과(26.06%→22.53%)를 보이고 있으며,[148] 셋째, 1970년부터 1990년에 이르기까지 우리나라 수출의 주력상품이었고 관세환급의 규모도 컸던 섬유·가죽제품의 경우 관세환급제도 시행 이후 중간재의 수입의존도는 오히려 더욱 높아졌다

와 관련이 깊다고 볼 수 있는 것이다.

148) 이것은 관세율 자체가 원재료 국산화에 별다른 기여를 하지 못하였다는 의미로 해석될 수 있다. 결국 이는 관세환급제도가 원재료의 국산화에 기여하였다고는 더욱 보기 어려워지는 이유가 될 것이다.

는 사실(12.20%→28.54%) 등에서 찾을 수 있다. 특히 관세에 대한 징수유예제도가 1989년에 폐지된 것을 감안하면 관세환급제도로 인한 원재료 국산화의 효과는 1990년대 들어 본격적으로 나타나야 할 것이나 비금속광물제품과 금속제품, 그리고 전기·전자기기 산업을 제외한 모든 산업에서 원재료의 수입의존도가 1990년대 들어 오히려 증가하고 있다는 사실은 이와 같은 추정을 뒷받침하여준다 할 것이다.

이번에는 第Ⅴ章에서의 실태조사 결과 수입원재료를 사용하는 가장 중요한 이유로 확인된 원재료의 '품질'과 관련하여 기술도입 및 R&D와 국산화 효과의 관계를 살펴보기로 한다. 앞서의 〈표 Ⅵ-13〉을 업종별로 세분화하여 분석해 보면 뚜렷한 변화의 흐름이 보인다. 경공업 중 섬유·가죽제품과 종이·나무제품의 경우 1970년대에는 다같이 중간재의 수입의존도가 낮아지다가 1980년대 이후 점차 높아지는 반면, 중공업의 석유·석탄제품149)의 경우는 持續的으로 수입의존도가 높아져 왔다.(2.63%→24.77%) 그러나 중공업의 금속제품과 일반기계, 전기 및 전자기기와 정밀기기의 경우 대체적으로 수입의존도는 지속적으로 감소하였다.

경공업과 중공업에서 이와 같이 중간재 수입의존도의 변화가 다르게 나타난 것은 우리나라의 국내 생산과 수출 즉 경쟁력의 중심이 경공업에서 중공업으로 移動된 것과 관련이 깊다. 〈표 Ⅵ-15〉는 우리나라 수출의 주력품목이 1970년대에는 경공업품이었으나 1980년 이후로는 중공업품으로 전환되었음을 잘 보여주고 있다.

---

149) 석유·석탄제품에는 나프타와 휘발유 등의 油類(原油는 광산물에 분류), 액화석유가스 등이 포함된다. 즉, 이 산업에서의 수입의존도 증가는 천연자원이 부족한 우리나라의 실정상 수요의 증가가 곧 수입의 증가로 나타났기 때문이다.

<표 Ⅵ-15> 주요 수출상품의 변화추이

단위: %

	1970	1975	1980	1985	1990	1995
1	섬유(40.8)	섬유(36.2)	섬유(19.1)	섬유(16.9)	전자(17.4)	전자(23.9)
2	합판(11.0)	전자(8.9)	전자(7.7)	선박(16.6)	섬유(15.3)	섬유(8.1)
3	가발(10.8)	철강(4.6)	철강(4.1)	전자(7.9)	가죽(4.6)	자동차(6.7)
4	철광석(5.9)	합판(4.1)	선박(3.5)	철강(5.2)	선박(4.3)	석유화학제품(4.6)
5	전자(3.5)	신발(3.8)	타이어(2.7)	가죽(3.4)	철강(3.8)	선박(4.4)
	계 (72)	계 (57.6)	계 (37.1)	계 (50)	계 (45.4)	계 (47.7)

주1) 비중(%)＝해당 상품의 수출액/총수출액×100
　2) 전자제품에는 음향기기, 영상기기, 반도체, 컴퓨터를, 철강제품에는 철강판과
　　철구조물, 섬유제품에는 의류와 인조섬유를 포함
자료: 한국무역협회, "주요 무역 동향지표"(1998)로 연구자가 작성

금속제품과 전기 및 전자기기, 정밀기기 등의 경우는 중간재의 수입 의존도가 지속적으로 낮아지는 반면 전자제품과 철강제품의 수출 비중은 지속적으로 높아지고 있어 이들 산업에서는 경공업제품의 경우와는 반대로 완제품과 중간재의 국제경쟁력이 다같이 높아지고 있다는 것을 보여준다. 이러한 국제경쟁력의 향상은 외국으로부터의 기술도입과 국제 자본 조달을 통한 대량 생산설비의 도입에 의한 규모의 경제를 활용한 가격 경쟁력의 培養에 힘입은 바 큰 것으로 분석된다.[150]

이는 <표 Ⅵ-16>에서도 확인된다.

---

150) 李章鎬, 국제경영전략, (서울: 博英社, 1996), p.173.

〈표 Ⅵ-16〉 업종별 기술도입 현황

단위: 백만 불(기술도입대가), ( ) 안은 기술도입건수

	1962~ 1976	1977~ 1981	1882~ 1987	1988~ 1992	1993~ 1996	계
농림수산업	2(6)	5(5)	3(18)	9(8)	10(6)	29(43)
음식료품	2(15)	3(30)	21(124)	47(83)	86(30)	159(282)
종이 · 나무	0.1(7)	7(7)	1(5)	7(9)	7(11)	23(39)
섬유 · 방직	9(38)	18(41)	30(164)	85(207)	155(54)	298(504)
비금속광물	1(21)	11(34)	35(75)	91(93)	57(14)	194(237)
정유 · 화학	34(176)	148(225)	229(507)	779(627)	708(176)	1,898(1,711)
금 속	24(74)	32(105)	49(143)	41(95)	48(29)	194(446)
전자 · 전기	18(180)	66(228)	555(665)	2,044(1,034)	3,501(651)	6,184(2,758)
기계 · 자동차	15(180)	89(403)	358(694)	942(829)	1,345(458)	2,749(2,564)
조 선	5(11)	11(45)	104(107)	74(52)	97(20)	290(235)
계	110(708)	391(1,123)	1,385(2,502)	4,119 (3,037)	6,013 (1,449)	12,017 (8,819)

자료: 한국산업기술진흥협회, "기술도입 · 수출현황자료집", (1997)

〈표 Ⅵ-16〉을 보면 우리나라의 기술도입은 전자 · 전기기기 산업과 기계 · 자동차 및 정유 · 화학산업 등의 부문에서 집중적으로 이루어져 왔다. 기술도입대가의 지급이나 기술도입건수에 있어 다른 업종과 비교할 수 없을 정도인데, 이들 업종은 기술도입뿐 아니라 연구 · 개발(R&D)의 투자도 매우 활발하게 이루어지고 있는 부문이다.

1996년의 경우를 예로 보면 우리나라 전체 산업의 R&D 투자액은 79,636억 원인데 이 중 전기 · 전자기기 제조업의 투자액은 전체의 36.7%, 운수장비 제조업은 25.8%, 그리고 화학제품산업은 10%를 차지하여 기술도입이 활발한 산업에서 R&D 투자도 활발하였음을 확인할 수 있다.[151]

이와 같은 기술도입과 R&D 투자형태는 1987년부터 시행된 기계류·부품·소재산업의 국산화 시책과도 상당히 긴밀한 관계가 있을 것으로 추정된다. 앞서 살펴본 바와 같이 국산화 고시 대상품목이 이들 업종에 집중되고 있기 때문이다. 이와 같은 기술도입과 연구·개발 투자로 인하여 중공업 분야에서의 중간재와 완제품의 국제경쟁력이 향상되었음은 〈표 Ⅵ-15〉에서 이들 분야 상품의 수출이 1980년대 이후 크게 늘어났다는 점으로 확인된다.

한편, 〈표 Ⅵ-13〉에서는 전기·전자기기와 기계·자동차 산업에 있어서 중간재의 수입의존도가 지속적으로 낮아지고 있음을 보여주는 반면, 기술도입과 연구·개발에 대한 투자가 상대적으로 미흡하였던 종이·나무산업과 섬유·방직산업의 수입의존도는 반대로 증가하고 있는 것으로 나타나고 있다.

이상의 분석결과를 종합할 때 외국으로부터의 기술도입 또는 연구·개발에 대한 적극적인 투자는 원재료 국산화와 밀접한 관련이 있는 것으로 받아들여진다.

---

151) 과학기술처, <u>과학기술 연구 활동 조사보고</u>, (1997), p.51.

第Ⅶ章 結 論

第1節 研究結果의 요약

수출지원의 한 수단으로서 조세를 면제하는 방법은 여러 가지가 있으나 우리나라는 지난 1975년 이후 특히 사후면세인 환급제도를 중심으로 운영해 왔다. 이러한 조세환급은 1997년의 경우만 해도 7조 4천여 억 원으로 같은 해 일반회계 총 세출의 11.6%에 이르는 막대한 규모였다. 이와 같은 환급 규모는 세계 어느 나라에서도 유례를 찾을 수 없는 것으로 수출지향적인 경제구조와 높은 원재료의 수입의존, 수입되는 수출용 원재료 및 국내 거래 수출용 원재료에 대한 높은 간접세율, 그리고 사후면세 위주의 제도운영 등에 기인하는 것이다.

本 연구는 이와 같은 조세면세의 효과를 제도적, 이론적, 실증적으로 평가해 봄으로써 국제 시장에서 더욱 치열한 경쟁이 예상되는 21세기 국제무역환경에서 우리나라가 운영해 나가야 할 합리적인 조세지원 방안을 摸索해 보고자 하였다.

제도적인 측면에서 볼 때 각국의 수출지원상 특징은 선진국의 경우 해외 시장의 정보나 거래의 알선, 무역전시회의 개최 등과 같은 마케팅 지원이나 수출금융, 수출보험과 같은 금융지원에 치중하고 있음에 비해 개발도상국들은 조세상의 지원에 크게 의존하고 있다는 점이다. 특히 선진국들은 1990년대 들어 중앙정부와 지방정부, 민간기구, 기업 간 원활한 정보교환과 상호 협력을 통한 수출지원 서비스의 통합화로서 지원의 효율성 제고에 많은 노력을 기울이고 있다.

우리나라의 수출지원은 각 부처, 단체별로 다양하게 행해지는데 수출마케팅이나 금융상의 지원도 비교적 적극적으로 행해지고 있으나 조세의 면세 규모도 매우 크다는 특징을 보인다. 수출지원을 위한 조세면제의 방법은 사전면세와 사후면세, 보세, 징수유예 또는 영세율 적용 등이 가능하지만 우리나라의 경우 사후면세 중 환급제도가 중심이 되고 있고 보세와 징수유예가 보조적으로 운영되고 있다. 제도운영적 측면에서 조세환급제도를 보면 면세의 대상이 되는 조세와 조세징수의 시기를 기준으로 하여 원재료 수입 시에 징수되는 관세와 부가가치세를 제외한 기타 내국소비세는 稅關長이, 수입 시 징수되는 부가가치세와 국내 거래 과정에서 징수되는 기타 내국소비세는 稅務署長이 환급하는 二元的인 구조로 운영되고 있는데 이는 지원의 효율성이 떨어질 수 있음을 시사하는 것이다. 또한 중소기업 지원을 위해 운영되고 있는 관세의 정액환급제도도 고시된 정액환급 대상품목이 적고 환급금액도 실제로 부담한 관세액에 비해 크게 낮은 것이어서 효율적인 중소기업 지원을 위해서는 개선의 여지가 있는 것으로 판단된다.

조세면제제도의 경제적 효과를 이론적으로 분석해 보면 물품의 수출과 관련한 조세의 면제는 ① 免除되는 조세가 관세냐, 내국소비세냐 하는 조세의 종류, ② 수출용 원재료가 輸入되는 시점에 事前免稅하느냐, 물품 수출 후 事後免稅하느냐 하는 면세의 시기, ③ 수출용 원재료의 輸入依存 정도가 높으냐, 낮으냐 하는 원재료의 수입의존 정도 등에 따라 그 경제적 효과가 다를 것으로 예상된다.

수출지원 측면에서 사후면세는 환급비용의 발생으로 인해 부분면세(減稅)의 성격을 갖게 되므로 사전면세(보세 또는 징수유예 포함)보다 수출지원 효과가 낮을 것이다. 대신 이러한 환급비용의 존재는 이론상 수출물품 생산용 원재료의 수입대체 즉 원재료의 국산화를 촉진시킬 가능성이 있다. 우리나라가 환급제도를 조세면제의 중심제도로 운영하고 있는 것도 바로 이러한 측면을 고려한 것이다. 그러나 환급제도로 인해 원재료의 국산화 촉진효과가 나타나기 위해서는 부과징수되는 조세가 관세일 경우에 한하며, 그나마 원재료의 국내 생산규모가 內需用 완제품 생산에 필요한 원재료의 量 이상이라는 조건이 충족되었을 때로 局限되고. 원재료를 전량 수입에 의존하거나 국산 원재료의 생산량이 내수용 완제품 생산에 필요한 규모 이하일 경우에는 원재료의 국산화 촉진효과는 발생할 수 없을 것이다. 이것은 국내 원재료 산업이 어느 정도 이상 경쟁력을 갖추고 있는 경우에는 환급제도가 도움이 될 수 있지만 그렇지 아니한 경우에는 아무 도움이 될 수 없다는 것으로 환급제도로 인한 원재료의 국산화 효과가 상당히 제한적일 수밖에 없음을 시사하는 것이다.

관세환급제도를 이용하고 있는 467개 수출기업에 대한 실태조사의 결과 전반적으로 경공업이 중공업보다. 중소기업이 대기업보다 수출 또는 수출과 연결되는 중간재의 공급비중이 높아 輸出寄與度가 큰 것으로 나타났다. 그러나 환급비용의 발생이라는 측면에서 볼 때 중소기업이 전문인력의 부족 등으로 환급과 관련하여 부담하는 비용과 환급대상임에도 수출 후 환급을 포기한 금액의 수준이 대기업보다 크게 높아 중소기업이 관세환급제도에 의한 지원에서 상대적으로 不利할 것으로 분석된다.

환급제도로 인한 원재료 국산화효과에 대하여는 57.2%가 국산 원재료의 사용이 증대되지 않았다고 응답하여 대체적으로 그 효과에 부정적인 반응을 보였다. 수입원재료를 사용하는 이유로는 ① 외국산을 대체할 수 있는 적합한 국산재가 없거나, ② 국산 원재료의 質이 수입재에 비하여 떨어지거나. ③ 국산 원재료의 가격이 상대적으로 높기 때문으로 답하여 국산 원재료의 품질이 중요한 關鍵이 되고 있음을 보여주었다.

관세환급제도의 代案으로는 관세율 인하나 보세제도 이용의 확대, 환특세율 대상품목의 확대 등을 지적하여 수출용 원재료의 수입 또는 국내매입과 관련한 조세의 부담 자체가 완화되거나 제거되기를 희망하였으며, 그 외 정액환급제도의 확대를 통한 절차의 간소화에도 큰 관심을 보였다.

다음으로 1986년 1/4분기에서 1997년 1/4분기까지 12년간의 분기별 통계자료를 이용하여 관세환급제도의 수출지원효과를 회귀분석 방법을 통해 실증분석한 결과는 적어도 이 기간 중 관세환급제도가 수출을 지원하기보다 오히려 수출에 負로 작용하였던 것으로 나타났다. 관세환급이 수출에 負의 영향을 미친 것은 모든 산업의 경우가 마찬가지나 특히 전기·전자산업, 수송기계산업, 일반기계산업에서 負의 효과가 현저하였던 것이 발견된다. 또한 기업규모별로 주로 수출하는 산업을 대상으로 분석한 바로는 대기업이 주로 수출하는 산업에서보다 중소기업이 주로 수출하는 산업에서 負의 효과가 더욱 컸던 것이 발견된다. 관세환급이 이와 같이 수출에 負의 효과를 준 이유는 것은 '환급비용'의 존재로 인한 자원의 비효율적 배분에서 기인하는 것으로 판단된다.

이러한 '환급비용'의 존재는 당초 관세환급제도 導入의 이유 가운데 하나인 원재료의 국산화촉진을 위해 '必要惡' 정도로 인식된 것이었다. 그러나 1970년에서 1995년 사이의 산업연관표를 통하여 별도로 분석한 결과에 따르면 관세환급제도는 원재료의 국산화에도 거의 기여한 바가 없었던 것으로 추정된다.

분석결과 관세환급제도 시행 이후 중간재의 수입의존도는 오히려 점진적으로 증가하였고, 특히 환급 비중이 상대적으로 컸던 섬유·가죽제품 등의 경우는 수입의존도가 큰 폭으로 증가한 것으로 나타나 관세환급제도가 원재료의 국산화에 별다른 기여를 하지 못하였음을 시사한다.

또한 우리나라의 실효관세율을 분석한 결과 관세율 구조 자체와 관세율 정책 및 면세 또는 보세제도 운영 간의 不調和 등으로 인해 비체계적인 변화를 보였는데, 이러한 실효관세율과 수입의존도는 오히려 逆에 가까운 관계로 나타났다. 이는 관세환급제도가 원재료의 국산화에 미친 영향은 상당히 제한적일 수밖에 없다는 것을 시사하는 것이라

할 수 있다. 반면, 기계류·부품·소재산업의 국산화개발사업 등과 관련하여 해외기술도입과 연구·개발 투자가 활발하였던 산업 즉, 전기·전자기기와 정밀기기, 수송기계산업 등의 경우에는 수입의존도가 지속적으로 감소하여 기술도입 또는 연구·개발을 통한 품질 개선노력은 원재료 국산화에 어느 정도 성과를 거두어 온 것으로 추정된다.

이러한 실증분석 결과는 관세환급제도가 이 제도 시행의 두 가지 정책 목표 즉, 수출의 지원과 원재료의 국산화 어느 것도 효과적으로 달성하지 못하면서 오히려 수출에 負의 영향을 초래하고 있음을 보여준다. 통계자료를 이용한 실증분석은 관세환급에 국한하였으나 부가가치세 등 내국소비세의 환급을 포함할 경우에도 第Ⅲ章의 이론적 분석결과로 미루어 볼 때 負의 효과가 더 크게 나타날 뿐 효과의 방향에서는 차이가 없을 것으로 판단된다.

第2節 政策的 시사점

本 연구 결과의 종합적인 시사점은 1970년대 중반 이후 우리나라가 수출지원 및 원새료 국신회라는 두 가지 정책 목표를 가지고 운용해 온 조세환급제도는 무역자유화와 국제경영활동의 증가라는 21세기 국제무역환경에 대응하기 위하여 그 패러다임이 再構築 될 필요가 있다는 것이다. 이러한 개선은 물론 장기적이고 국가 전략적 차원에서 접근되어야 한다.

21세기에는 기업의 경영활동에서 국경의 의미가 더욱 퇴색될 수밖에 없고,[152) 지구적 차원에서 생산과 판매 등 전반적인 경영활동이 불가

---

152) Holt, David H. International Management-Text and Cases, (New York: The Dryden Press, 1998), pp.209-305.

피할 수밖에 없다. 이러한 환경하에서 국내에서 생산하는 기업에 대한 경쟁력 지원 방안 가운데 중요한 한 가지는 가장 좋은 품질의 원자재를 가장 싼 가격에 국내외 어디서든 쉽게 조달(sourcing)할 수 있도록 보장하는 것이다. 이를 위해 먼저 수출용 원재료에 대해 조세의 부담이 원천적으로 발생하지 않거나 최소화하는 방안이 적극 모색되어야 할 것이다. 이는 第Ⅴ章의 실태조사에서 나타난 바대로 수출기업이 가장 원하는 방향이기도 하다.

조세부담 제거의 방법은 第Ⅱ章에서 분석한 바와 같이 여러 가지가 있다. 따라서 먼저 세율구조의 조정, 代替的인 제도의 활성화 등을 통해 조세환급의 比重이 최소화될 수 있도록 하고, 그 다음으로 최소화된 환급제도 또한 運用上 효율이 극대화될 수 있도록 제도적인 補完이 필요할 것이다. 아울러 원재료의 국산화촉진 문제는 조세감면과 같은 다른 제도적 수단을 강구하여 추구하는 것이 바람직할 것이다. 이를 정리하면 다음과 같다.

첫째로, 조세환급제도는 원재료의 輸入 또는 국내 買入 시 稅法에 정해진 세율에 따라 징수된 조세를 수출한 뒤에 환급하는 것이므로 '세율' 자체와 긴밀한 관계가 있다. 따라서 실태조사에서 수출기업이 代案으로 가장 많이 지적한 것과 같이 수출용 원재료와 관련되는 세율의 인하 또는 무세화를 통해 환급의 비중을 최대한 낮출 필요가 있다. 세율의 인하 내지 무세화는 조세환급제도로 인한 負의 영향을 원천적으로 제거할 수 있는 가장 확실한 방법이 될 수 있다. 세율의 인하는 국가의 재정수입이 줄어들 가능성이 있다는 점이 고려하여야 할 중요한 변수가 되나, 궁극적으로 수출로 인해 환급대상이 되는 조세는 근본적으로 재정수입에 기여하는 바가 없는 것이다. 따라서 관세율의 引下 또는 無稅化는 수입원재료 중 수출물품 생산에 투입되는 원재료의 비중이 높은 품목에 대하여 우선적으로 고려되어야 할 것이며, 세율 자체가 1~2%와 같이 낮아질 경우 원천적으로 환급불허도 고려할 수

있을 것이다. 원재료의 국내 매입과 관련되는 부가가치세 등은 내국신
용장제도와 구매승인서제도의 개선을 통해 零稅率이 간편하면서도 효
율적으로 적용될 수 있도록 하는 제도적 뒷받침이 필요할 것이다.

한편, 관세율의 조정은 특히 수입중간재와 완제품에 대한 실효관세
율체계의 전반적인 조정을 통해 접근할 필요가 있다. 관세율의 수준과
그 구조는 비관세적 보호와 보조금의 지급이 크게 제한받는 21세기
WTO체제하에서 국내 자원의 이동에 의미 있는 영향을 미칠 수밖에
없다. 따라서 수출용 원재료에 대한 관세의 부담은 최소화하되 실효보
호라는 관점에서 수출산업이 지원될 수 있도록 완제품과 중간재의 관
세율체계를 면밀히 정비하여 운용하는 것이 합리적일 것이다. 실효보
호 측면을 고려하지 아니할 경우 第Ⅲ章 第3節의 실효보호율이론의 분
석에서와 같이 관세율 수준과는 관계없이 輸出産業보다 內需産業이 보
호될 수 있기 때문이다. 지금까지 운영된 중간재의 실효관세율은 제Ⅵ
장에서 분석된 바와 같이 일정한 정책 목적이 충실히 반영되어 체계적
으로 운영되기보다 수시로 그 수준이 달라지는 난맥상을 보였다. 그러
나 자원 이동에 지속적이고 확실한 영향을 주기 위해서는 기업이 예측
할 수 있도록 一貫되고 체계적인 실효관세율 수준이 유지되어야 할 것
이다. 즉, 기본관세율과 탄력관세율, 면세, 보세 등의 운용상 조화를 통
해 정책 목적에 합당한 실효관세율이 유지되어야 하며, 이를 통해 수
출산업이 내수산업보다 불리해지는 일이 없도록 하여야 할 것이다.

둘째로, 성장 가능성 있는 부품산업의 육성을 통한 만성적 원재료
수입의존구조 탈피도 우리나라가 추구해야 할 주요한 당면 과제의 하
나이다. 이를 위해서는 조세환급제도보다 연구·개발(R&D)에 대한 조
세감면 등을 통한 지원이 고려되어야 할 것이다. 수출기업의 실태조사
에서도 나타났듯 기업이 수입원재료를 사용하는 주된 이유는 원자재의
'품질'과 관련이 깊기 때문이다. 또한 第Ⅵ章의 분석에서 기계류·부
품·소재산업의 국산화촉진 등과 관련하여 기술도입과 연구·개발 투

자가 활발하였던 산업은 수출의 성장세도 높고 국산화 효과도 상당한 것으로 나타난 바 있다.

한편, 핵심부품이나 기술을 수입에 의존하는 한 21세기 국제환경하에서 경쟁력 있는 산업구조 또는 수출구조를 유지하는 것은 불가능하다는 것을 Ishikawa(1996) 등의 연구도 시사한 바 있다. 따라서 연구·개발용 시설기자재에 대한 감면세, 보세를 포함한 조세상의 다각적인 지원방안이 모색되어야 할 것이다. 이러한 지원은 특정성이 배제되는 한 WTO 규범에서도 容認되고 있음을 참고할 필요가 있다.

셋째로, 보세제도는 조세환급제도에 대한 代案으로서 보다 적극적으로 운용될 필요가 있다. 보세제도는 事前 또는 事後免稅制度 운용 시 필연적으로 초래되는 제도운영 비용이 이들 제도에 비해 크게 낮고 수출물품 생산에 투입되는 원재료뿐 아니라 필요한 경우 수출물품 생산에 사용되는 시설, 기자재에 대하여도 조세상의 부담을 제거할 수 있다. 그러므로 수출품의 가격경쟁력 지원에 미치는 긍정적 효과가 조세환급을 포함한 다른 조세상의 지원보다 높다. 뿐만 아니라 21세기 국가적 국제물류 관리전략 측면에서 볼 때도 보세제도 확충을 통한 지원은 불가피한 측면이 있다.

현재 우리나라는 보세공장, 종합보세구역, 수출자유지역 등의 보세제도가 수출지원과 관련하여 운영되고 있다. 그러나 지금까지와 같이 조세환급제도의 보조적 수단으로서 제한적 의미의 보세제도를 활용하기보다 수출과 수입, 그리고 국제화물의 자유로운 통과 및 이와 관련된 부가가치의 창출을 보장하는 국내와 외국의 중간지대 개념으로서 보세제도를 적극적으로 운영할 필요가 있을 것이다.

넷째로, 사전면세제도, 징수유예제도 등도 조세환급제도를 대체하는 수단의 하나로 고려될 수 있다. 이들 제도는 현행 세율구조를 크게 변화시키지 않고도 적용할 수 있는 장점이 있다. 이미 우리나라는 1975년 이전에 사전면세제도를, 1975년부터 1989년까지는 징수유예제도를 운용한 경험이 있으며, 1997년부터는 징수유예의 한 변형이라 할 수 있는 사후정산제도를 운용하고 있다. 그러나 이러한 제도들은 조세환급제도만큼은 아닐지라도 제도 운용상 상당한 비용이 발생하게 되는 문제점이 있기 때문에 다만 보조적인 수단으로서 운용이 고려되어야 할 것이다.

마지막으로, 조세환급제도가 전반적으로 또는 부분적으로 유지된다는 前提하에 서비스의 統合과 單純化를 통한 제도운용비용의 最小化를 다음 두 가지 측면에서 추진 할 필요가 있을 것이다. 먼저, 第Ⅲ章에서 분석한 결과로는 수출물품 생산에 投入되는 원재료 수입 시 부과·징수되는 조세의 환급을 부가가치세는 세무서장이, 관세와 기타 내국소비세는 세관장이 각각 행하고 있다. 이는 지원의 효율성이 떨어질 우려가 있는 것으로 바람직하지 않다. 따라서 單一한 기관에서 單純한 절차로서 조세환급이 가능하도록 개선될 필요가 있다. 두 번째는 환급특례법상의 定額還給率의 산정방법과 환급의 대상 등 제도운용을 근본적으로 개선하여 조세환급이 불가피한 모든 경우 원칙적으로 정액환급에 의할 수 있도록 하는 제도적 전환이 모색될 필요가 있다.

이상과 같은 패러다임의 재구축은 수출지원을 위한 조세면제제도 운영에 따른 사회적 비용을 최소화하고, 수출지원의 효율성을 높이며, 원재료의 국산화를 촉진하는 데 기여할 것으로 기대된다 특히 수출집약도가 일반적으로 높지만 전문인력의 부족 등으로 조세지원제도 활용에서 상대적으로 불리한 입장에 있는 중소수출기업 지원에 큰 도움이 될 것이다.

第3節 研究의 限界 및 向後 연구과제

本 연구의 이론적, 실증적 분석에는 다음과 같은 몇 가지 限界點이 내포되어 있다. 먼저 이론적인 분석을 함에 있어 많은 假定이 前提된 부분균형분석과 實效保護率理論을 위주로 하였다는 점이다. 이러한 분석에 전제된 假定 중에는 현실의 사정을 충분히 고려할 수 없는 假定도 포함되어 있다. 예를 들면 조세의 면제효과분석에서 조세면제라는 변수만을 독립하여 분석하고, 다른 모든 변수가 불변이거나 중요한 효과를 가지지 않는다는 前提를 하고 있으나, 현실은 많은 다른 변수의 영향도 받을 수밖에 없는 것이다. 따라서 本 연구의 이론적 분석결과는 제한된 설명력을 갖는다고 하겠다.

수출기업에 대한 실태조사는 관세환급제도가 시행된 25년여의 기간 중 1996년이라는 특정 시기에 횡단조사로서 행하여진 것이므로 時系列的인 추세를 적정하게 반영하고 있다고 보기 어렵다. 또한 표본의 선정에 있어 관세환급제도를 이용한 실적이 있는 기업만을 대상으로 하였으므로 수출을 하고도 사후면세제도를 이용하지 않았거나, 內需판매 위주인 潛在的 수출기업, 그리고 내국소비세 환급과 관련된 내용은 반영되지 못하였다는 한계가 있다.

실증분석에서는 수출지원효과의 검증에 있어 조세지원을 관세로 한정하였다. 이는 내국소비세 지원과 관련된 자료의 입수가 어려웠기 때문이었으나 이로 인해 내국소비세 환급제도가 수출에 미치는 영향을 효과적으로 검증하지 못한 한계가 있게 되었다. 아울러 우리나라의 수출경쟁국이 1990년대 들어 중국, 동남아 등이 추가되었으나 자료 입수의 어려움으로 이들을 분석대상에 포함하지 못한 것도 한계의 하나로 지적될 수 있다.

本 연구의 실증분석에서 사용한 독립변수는 5개이나 수출에 영향을

미치는 요소는 그 외에도 다양한 것이 있을 수 있다. 따라서 이러한 요소들 중에서 수출에 중요한 영향을 미치는 요소가 독립변수로서 본 연구의 실증분석에 포함되지 않았을 가능성을 배제할 수 없다. 이러한 변수가 누락되었을 경우 그 변수의 효과가 실증분석에서 본 연구자가 사용한 독립변수에 잘못 반영될 가능이 있을 수 있다. 이것은 모든 실증분석의 한계라 하지 않을 수 없는 것이다. 그러나 본 연구에서 결정계수인 R^2의 값이 91.92로 나타난 것은 누락변수의 문제가 연구의 결과를 훼손하는 것은 아니라는 것을 示唆하는 것이다. 즉, 수출에 영향을 미친 주요 변수가 본 연구에서 사용한 독립변수 속에 포함되어 있다는 것을 시사하기 때문에 누락변수로 인한 한계를 극복하는 데 어느 정도 기여할 수 있을 것으로 기대된다. 本 연구는 우리나라가 지난 4반세기 동안 수출지원수단으로서 큰 비중을 두고 운용해 온 현행 조세환급제도를 제도 시행 이후 처음으로 통계자료를 이용하여 실증분석하였고, 그 결과 일반적인 기대와는 달리 同 제도가 수출에 負의 영향을 미치고 있다는 점, 원재료의 국산화에 대한 기여도가 낮다는 점 등을 발견하였다는 데서 상당한 의의를 갖는다. 그러나 연구결과가 가진 의미의 중요성 등을 감안할 때 앞으로 분석대상 기간을 늘리거나 의미있는 독립변수를 추가로 반영하는 등의 방법으로 本 연구를 통해 발견된 바를 확인하는 작업이 필요하다고 생각된다. 또힌 환급제도를 이용하고 있는 수출기업을 대상으로 한 심층적인 사례분석을 통해 실무적인 입장에서 本 연구의 결과를 확인해 보는 것도 필요하다.

아울러 本 연구의 결과를 수용하는 입장에서도 향후 다음과 같은 세 가지 연구가 深度있게 이루어져야 할 것으로 본다.

첫째로, 수출입과 관련되는 세율체계의 합리적 조정을 위한 관련 조세의 세율수준과 구조, 그리고 이의 조정에 따른 財政收入과 산업 전반에 미치는 파급효과 등에 대해 보다 면밀한 연구 검토이다. 조세환급제도가 수출지원과 원재료 국산화라는 정책목표에 최적의 것이 아니라면 수출지원의 극대화 및 원재료의 국산화 촉진이라는 측면에서 세율체계의 합리적 조정이 필요할 것이다. 따라서 이를 위한 면밀한 연구·검토가 필요하다.

둘째로, 환급제도의 代替的 방안으로서 보세제도 운용의 확대방안에 대한 연구이다. 保稅制度의 확대는 국가 간의 자유무역지대나 관세동맹, 共同市場의 결성과 같은 지역경제통합체의 형성과도 관련되는 것으로, 21세기 국제무역환경의 변화와 관련하여 보다 적극적이고 면밀한 연구가 필요하다.

마지막으로, 조세환급제도가 전반적으로, 또는 부분적으로 유지된다는 前提하에 운용의 단순화와 간소화를 위한 연구이다. 이와 관련하여서는 특히 定額還給의 확대방안에 대한 연구가 향후 效率的인 조세환급제도 운영과 중소기업 지원강화라는 측면에서 큰 의미가 있을 것이다. 한편, 본 연구는 수출지원수단으로서 조세면제를 집중적으로 다루었으나, 조세상의 지원과 금융, 무역마케팅 등 기타 수출지원서비스에 있어 각 제도의 통합·간소화와 더불어 이들 제도의 연계(連繫)를 통한 효율화 방안도 향후 연구해야 할 과제의 하나가 될 것이다.

참고문헌

1. 국내문헌

姜鎬相, 외환론, (서울: 法文社, 1997).

과학기술처, 과학기술연구 활동 조사보고, (1997).

관세청, 稅關年鑑, (1987-1998 각 년도).

──────, 무역통계연보, (1987-1998 각 년도).

국세청, 국세통계연보, (1987-1998 각 년도).

金斗燮, 사회과학을 위한 회귀분석, (서울: 법문사, 1994).

金廷勳, "산업연관분석에 따른 輸銀지원자금의 국민경제적 기여효과 분석", 輸銀調査月報, (1999. 1), pp.16~35.

金宗萬, 환율운용과 수출경쟁력, (연구보고서 94-09, 서울: 한국조세연구원, 1994).

金準東, 글로벌화 시대에서의 수출과 해외직접투자, (서울: 대외경제정책연구원, 1994).

金泰亨, 신국제규범하의 중간재 국산화정책, (서울: 대외경제정책연구원, 1996).

김희국, "수출보험이 수출에 미치는 효과분석", 수출보험, (1998.11), pp.16~26.

南宗鉉, 국제무역론, (서울: 經文社, 1997).

대한무역진흥공사, 주요 선진국의 수출지원제도 비교, (국제경제현안 리포트 98-2, 1998).

박노형, "WTO보조금의 법적 분석", <u>WTO 정부보조금 및 상계관세</u>, 김기수(편) (연구총서 96-07, 성남: 세종연구소, 1996).

朴廷寔, 尹英鮮, <u>현대통계학</u>, (서울: 다산출판사, 1997).

朴賢姬, <u>수출지원보조에 관한 실증적 연구</u>, (동국대학교 대학원 박사학위논문, 1996).

徐靑錫·朴鉉瑀, <u>한국무역론</u>, (서울: 法經社, 1998).

鮮于奭皓·申鉉秀·金美淑, <u>우리나라 보조금의 운용효율 분석</u>, (서울: 산업연구원, 1989).

孫祥皓·尹在炯, <u>UR보조금·상계조치협정 해설서</u>, (서울: 산업연구원, 1994).

兪正鎬, <u>韓·臺·日의 수입의존구조 비교</u>, (서울: 산업연구원, 1995).

兪正鎬·洪性薰·李在鎬, <u>산업보호와 유인체계의 歪曲</u>, (연구보고서 93-02, 서울: 한국개발연구원, 1993).

李　均, <u>關稅理論</u>, (서울: 法經社, 1997).

李英徽, <u>한국의 관세환급제도 실시의 경제적 효과 분석</u>, (특수분석 제87호, 서울: 국제경제연구원, 1980).

李章鎬, <u>국제경영전략</u>, (서울: 博英社, 1996).

임종원, <u>마케팅조사 이렇게</u>, (서울: 법문사, 1997).

張槿鎬·金珍洙, <u>관세환급제도의 경제적 효과와 개편방향</u>, (연구보고서 97-13, 서울: 한국조세연구원, 1997).

張炳撤, <u>關稅法</u>, (서울: 무역경영사, 1997).

재정경제부, <u>租稅槪要</u>, (1999).

재정경제원, <u>各國의 還給制度와 그 類似制度</u>, (1996).

鄭在完, "조세법상 지원대상인 輸出 및 外貨獲得行爲에 대한 考察", <u>稅務大學學術硏究論文集</u>, 通卷 第XI輯, (1998), pp.229~256.

─────, "物流환경의 변화와 通關業에 대한 시사점", 관세사회보, (1999.4), pp.27~34.

중소기업협동조합중앙회, 중소기업현황, (1987-1998 각 년도).

채서일, 사회과학 조사방법론, (서울: 학현사, 1997).

한국기계공업진흥회, 일본의 플랜트 수출지원제도, (1994).

한국무역협회, 미국의 수출지원제도현황과 정책시사점, (무조 96-29, 1996).

─────, 貿易年鑑, (1987-1998 각 년도).

─────, 수출산업실태조사자료, (1997-1998 각 년도).

─────, 주요 무역동향지표, (1987~1998 각 년도).

한국산업기술진흥협회, 기술도입·수출현황자료집, (1997).

한국수출보험공사, 수출보험, (1990-1998 각 년도).

한국수출입은행, 輸銀조사월보, (1987-1998 각 년도).

한국은행, 기업경영분석, (1990-1998 각 년도).

─────, 산업연관표, (1970, 1975, 1980, 1985, 1990, 1995년도).

─────, 조사통계월보, (1987-1998 각 년도).

홍종선, SAS와 통계자료분석, (서울: 탐진, 1997).

2. 외국문헌

Amsden, Alice H., "Trade Policy and Economic Performance in South Korea", in Trade and Growth-New Dilemmas in Trade Policy, M. R. Agosin & Diana Tussie(ed.), (London, The Macmillan Press Ltd., 1993).

Anderson, Otto "On the Internationalization Process of Firms: A Critical

206

Analysis", Journal of International Business Studies, (2nd Quarter, 1993), pp.209~231.

Anderson, Tomas & Torbjörn Fredrikson, "International Organization of Production and Variation in Exports from Affiliates", Journal of International Business Studies, (2nd Quarter, 1996), pp.249~263.

Appleyard, Dennis R. & Alfred J. Field, Trade Theory and Policy, (2nd edition, Chicago: Richard D. Irwin, Inc., 1995).

Auty, R. M., "Competitive Industrial Policy and Macro Performance: Has South Korea Outperformed Taiwan?", The Journal of Development Studies, Vol.28, No.4, (1997), pp.445~463.

Baldwin, Robert E., "An Economic Evaluation of the Uruguay Round Agreements", in The World Economy: Global Trade Policy, Sven Arndt & Chris Miller (ed.), (London: Blackwell Publishers Ltd., 1995).

Barret, Nigl I. & Ian F. Wilkinson, "Export Stimulation: A Segmentation Study of the Exporting Problems of Australian Manufacturing Firms", European Journal of Marketing, (1985), pp.110~145.

Beal, Ivo Van & Jean Francois, Anti Dumping and Other Trade Protection Law of the EEC, (London: CCH Editions Ltd., 1990).

Bilkey, Warren J. & George Tesar, "The Export Behavior of Smaller Wisconsin Manufacturing Firms", Journal of International Business Studies, (1st Quarter, 1977), pp.93~98.

Bonaccorsi, Andrea "On the Relationship Between Firm Size and Export Intensity", Journal of International Business Studies, (4th Quarter, 1992), pp.605~635.

Bourgeois, H. J., Subsidies and International Trade, (New York: Kluwer Law and Taxation Publishers, 1991).

Bowen, Harry P., Abraham Hollander & Jean M. Viaene, <u>Applied International Trade Analysis</u>, (London: Macmillan Press Ltd., 1998).

Brander, J. A. & B. J. Spencer "Export Subsidies and International Market Share Rivalry", <u>Journal of International Economics</u> Vol.18, (1985), pp.45~54.

―――, "Tariff Protection and Imperfect Competition", in <u>Imperfect Competition and International Trade</u>, Gene M. Grossman (ed.), (Cambridge, MA.: Massachusetts Institute of Technology Press, 1994).

Calof, Jonathan L., "The Relationship between Firm Size and Export Behavior Revisited", <u>Journal of International Business Studies</u>, (2nd Quarter, 1994), pp.367~387.

Cavuagil, S. Tamer, "Some Observations on the Relevance of Critical Variables for Internationalization Stages", in <u>Export Management: An International Context</u>, M. R. Czinkota & G. Tesar(ed.), (New York: Praeger Publishers, 1982).

Crick, Dave, "An Investigation into the Targeting of U.c. Export Assistance", <u>European Journal of Marketing</u> Vol.29(8), (1995), pp.76~94.

Czincota, Michael R., <u>Export Development Strategies: US Promotion Policy</u>, (New York: Praeger Publishers, 1982).

Dean, Judith M., "The Trade Policy Revolution in Developing Country", in <u>The World Economy: Global Trade Policy</u> Sven Arndt & Chris Miller(ed.), (London: Blackwell Publishers Ltd., 1995).

Demaret, Paul & Raoul Stewardson, "Border Tax Adjustments under GATT and EC Law and General Implications for Environmental

Taxes", <u>Journal of World Trade</u>, Vol.28, No.4, (1994), pp.5~65.

Dichtl, Erwin, Hans-Georg Koeglmayre & Stefan Mueller, "International Orientation as a Precondition for Export Success", <u>Journal of International Business Studies</u>, (1st Quarter, 1992), pp.23~40.

Douglas, Susan P. & Samuel Craig, <u>Global Marketing Strategy</u>, (New York, McGrawHill, 1995).

Eaton, J. & A. Tamura, <u>Bilateralism and Regionalism in Japanese and U.S Trade and Direct Foreign Investment Patterns</u>, (US National Bureau of Economic Research, WP4758, 1994).

Graham, E. M., "<u>US Direct Investment Abroad and US Exports in the Manufacturing Sector: Some Empirical Results Based on Cross Sectional Analysis</u>", (US Institute for International Economics, 1994).

Grant, Simon & John Quiggin, "Strategic Trade Policy under Uncertainty: Sufficient Conditions for the Optimality of Ad Valorem, Specific and Quadratic Trade Taxes", <u>International Economic Review</u>, Vol.38, No.1, (1997), pp.35~94.

Greenaway, David & Chris Miller, <u>Trade and Industry Policy in Developing Countries</u>, (London: The Macmillan Press Ltd., 1993).

Holt, David H., <u>International Management-Text and Cases</u>, (New York: The Dryden Press, 1998).

IMF, "<u>Government Subsidies: Concept, International Trends and Reform Option</u>", (IMF Working Paper, WP95/91, 1995).

Ishikawa, Jota & Barbara Spencer, <u>Rent-shifting Export Subsidies with an Imported Intermediate Product</u>, (US National Bureau of Economic Research WP5458, 1996).

Johanson, Jan, "The Internationalization Process of the Firm - A Model of Knowledge Development and Increasing Foreign Market Commitments", Journal of International Business Studies, (4th Quarter, 1977), pp.23~32.

Kaynak, Erdener & Wellington Kang-yen Kuan, "Environment, Strategy, Structure, and Performance in the Context of Export Activity: An Empirical Study of Taiwanese Manufacturing Firms", Journal of Business Research Vol.27, (1993), pp.33~49.

Kleinfeld, George & David Kaye, "Red Light, Green Light?: The 1994 Agreement on Subsidies and Countervailing Measures, Research and Development Assistance, and U.S. Policy", Journal of World Trade, Vol.28, No.6, (1994), pp.43~63.

Kotabe, Masaaki & Michael R. Czinkota, "State Government Promotion of Manufacturing Export: A Gap Analysis", Journal of International Business Studies, (4th Quarter, 1992), pp.637~658.

Krueger, Anne O., "Trade Policy and Economic Development: How We Learn", The American Economic Review, Vol.87, No.1, (1997), pp.1~12.

Krugman, Paul R., "Import Protection as Export Promotion: International Competition in the Presence of Oligopoly and Economics of Scale", in Imperfect Competition and International Trade, Gene M. Grossman(ed.), (Cambridge MA.: Massachusetts Institute of Technology Press, 1994).

Lee, Jong Wha, Government Interventions and Productivity Growth in Korean Manufacturing Industry, (US National Bureau of Economic Research, WP5060, 1995).

Lee K. B. & D. J. Kim, Strategies of Developing Northeast Asia Logistics Hub in Korea, The seminar article(Seoul: Restructuring the Korean Peninsula for the 21st Century, 1998), pp.172~193.

210

Leonidou, Leonidas D. & Constantine S. Katsikeas, "The Export
  Development Process: An Integrative Review of Empirical
  Models", Journal of International Business Studies, (3rd Quarter,
  1996), pp.517~553.

Lesch, William C., Abdolreza Eshghi & Golpira S. Eshghi, A Review of
  Export Promotion Programs in the Ten Largest Industrial States,
  in International Perspectives on Trade Promotion and Assistance,
  S. Tamer Cavusgil & Michael R. Czinkota(ed.), (New York,
  Quoruum Books, 1990).

Lim, Jenn Su, Thomas W. Sharkey & Ken I. Kim, "An Empirical Test
  of an Export Adoption Model", Management International
  Review Vol.31(1), (1991), pp.51~62.

Mamuneas, Theofanis P. & M. Ishaq Nadiri, "Public R&D Policies and
  Cost Behavior of the US Manufacturing Industries", Journal of
  Public Economics, Vol.63, (1996), pp.57~81.

Moini, A. H., "An Inquiry into Successful Exporting: An Empirical
  Investigation using a Three-stage Model", Journal of Small
  Business Management Vol.33, (1995), pp.9~25.

Moon, Junyean & Haksik Lee, "On the Internal Correlates of Export
  Stage Development: An Empirical Investigation in the Korean
  Electronics Industry", International Marketing Review, Vol.7(5),
  (1990), pp.16~26.

Naidu, G. M. & T. R. Rao, "Public Sector Promotion of Export: A
  Need-Based Approach", Journal of Business Research, Vol.27,
  (1993), pp.85~101.

────, & V. Kanti Prasad, "Predictors of Export Strategy and
  Performance of Small and Medium Firms", Journal of Business
  Research, Vol.31, (1994), pp.107~115.

Nam, C. H., "Export Promotion Strategy and Economic Development in Korea, in Export Promotion Strategies" in <u>Theory and Evidence from Developing Countries</u>, Chris Miller(ed.), (New York: Harvester Wheatsheaf, 1990).

Neary, Peter, "Export Subsidies and Price Competition", in <u>International Trade and Trade Policy</u>, E. Helpman(ed.), (Cambridge, MA.: The Massachusetts Institute of Technology Press, 1991).

Oviatt, Benjamin M. & Patricia Philips McDougall, "Toward a Theory of International New Venture", <u>Journal of International Business Studies</u>, (1st Quarter, 1994), pp.45~64.

Panagariya, Arvind, <u>Input Tariff and Duty Drawback in the Design of Tariff Reform</u>, (The World Bank Working Paper, WP336, 1990).

Poter, Michael E., <u>The Competitive Advantage of Nations</u>, (New York: The Free Press, 1990).

Raff, Horst & Krishna Srinivasan, "Tax Incentives for Import-Substituting Foreign Investment: Does Signaling Play a Role?", <u>Journal of Public Economics</u> Vol.67, (1998), pp.167~193.

Schmitz, Troy G., Andrew Schmitz & Chris Dumas, "Gain from Trade, Inefficiency of Government Programs and the Net Effects of Trading", <u>Journal of Political Economy</u>, Vol.105, No.3, (1997), pp.637~647.

————, & C. Dumas, "Trade, Inefficiency of Government Programs and Net Ecnomic Effects of Trading", <u>Journal of Political Economy</u>, Vol.105, No.3, (1997), pp.45~96.

Seringhaus, F. H. & Guenther Botschen, "Cross-National Comparison of Export Promotion Service: The Views of Canadian and Austrian Companies", <u>Journal of International Business Studies</u>, (1st

Quarter, 1991), pp.116~133.

Shivakumar, R., "Strategic Export Promotion and Import Protection in a Multi-Stage Game", Canadian Journal of Economics, Vol.28, (1995), pp.26~37.

Styles, Chris & Tim Amber, "Successful Export Practice: The U.K. Experience" International Marketing Review, 11(6), (1994), pp.23~47.

TPCC, The National Export Strategy, 6th Annual Report, (US Trade Promotion Coordinating Committee, 1998. 10).

UN, International Merchandise Trade Statistic: Concept and Definitions, (UN, 1996).

Vankleef, P. J. A., The Role of the Netherlands as Distribution Hub for Northwest Europe, The seminar article(Seoul: Restructuring the Korean Peninsula for the 21st Century), (1998), pp.163~171.

Wortzel, Laurence H. & Wortzel, Heidi V., "Export Marketing Strategies for NIC and LDC Based Firms", Columbia Journal of World Business, (Spring 1981), pp.51~60.

Wu, Chia Sheng & Shui Chi Chung, Design and Operation of Duty Drawback System, (Department of Customs Administration, Taiwan, 1995).

Yoffie, David B. & Gomes Casseres Benjamin, Trade and Competition, (2nd edition, New York: McGraw-Hill Inc., 1994).

Zampetti, Americo Beviglia, "The Uruguay Round Agreement on Subsidies: A Forward-Looking Assessment", Journal of World Trade, Vol.29, No.6, (1995), pp.5~29.

· 저자 ·

정재완　**· 약　력 ·**

서강대학교 대학원 무역학과 졸업(경영학박사)
제5회 관세사시험 일반응시 합격, 관세사
재정경제부 세제실 사무관 및 서기관
국립세무대학 관세학과 교수(관세학과장)
한남대학교 경상대학 겸임교수
관세청장 비서관, 관세청 심사정책과장
現) 용당세관장
　　한국관세포럼 회장
　　한성디지털대학교 경영학과 겸임교수

· 주요논저 ·

「한국의 탄력관세제도 운용상 문제점과 정책과제」
「통관장애로 인한 무역계약위반과 면책의 가능성」
「HS품목분류로 인한 관세마찰과 소급과세금지원칙등의 적용에 관한 연구」
「국경절차에 대한 가치평가와 발전방안 대한 연구」
「전자무역플랫폼 구축과 통관포털시스템 – 현황과 과제」
「무역계약과 불일치하는 물품 수입시의 관세평가에 관한 고찰」
「수입농수산물의 관세평가상 주요쟁점에 대한 연구」외 다수
『인터넷시대 무역실무』
『관세환급특례법』
『환급특례법연습』
『최신 대외무역법』
『관세정책론』
『관세법강의(공저)』
『관세쟁송의 이론과 실무(공저)』
외 다수

수출에 따른 관세환급의 경제적 효과

• 초판 인쇄	2006년 11월 15일
• 초판 발행	2006년 11월 15일
• 지 은 이	정재완
• 펴 낸 이	채종준
• 펴 낸 곳	한국학술정보㈜ 경기도 파주시 교하읍 문발리 526-2 파주출판문화정보산업단지 전화 031) 908-3181(대표) · 팩스 031) 908-3189 홈페이지 http://www.kstudy.com e-mail(출판사업부) publish@kstudy.com
• 등 록	제일산-115호(2000. 6. 19)
• 가 격	14,000원

ISBN 89-534-5910-9 93320 (Paper Book)
      89-534-5911-7 98320 (e-Book)